# 101 héroes
# en la historia de México

# 101 héroes
# en la historia de México

MARIO TAPIA

**Grijalbo**

**101 héroes en la historia de México**

Primera edición: agosto, 2008

D. R. © 2008, Mario Tapia

D. R. © 2008, derechos de edición mundiales en lengua castellana:
    Random House Mondadori, S. A. de C. V.
    Av. Homero No. 544, Col. Chapultepec Morales,
    Del. Miguel Hidalgo, C. P. 11570, México, D. F.

www.randomhousemondadori.com.mx

Comentarios sobre la edición y contenido de este libro a:
literaria@randomhousemondadori.com.mx

ISBN 978-970-810-513-2

Impreso en México / *Printed in Mexico*

*A mi madre, mi heroína personal*

La mayor parte de los héroes son como ciertos cuadros: para estimarlos no hay que mirarlos demasiado cerca.

La Rochefoucauld

# Índice

# Prólogo

Hay quien cree que el heroísmo y la realidad son antagónicos. Un héroe, según la mitología antigua, era el hijo de un dios o diosa nacido de la unión con un ser humano. Ni tan grande como un dios, ni tan pequeño como un hombre. Este ser, en el que se materializaban las virtudes más nobles, contaba con poderes sobrehumanos que le permitían alcanzar fines imposibles para cualquier mortal común y corriente. Qué lejos se ve el heroísmo concebido en la Antigüedad respecto del presente.

El paso del tiempo ha hecho variar un poco esta idea. Se ha aceptado la posibilidad de que un héroe sea un hombre —o mujer, en algunos casos— dotado de las mismas virtudes sobrehumanas, cuasi perfecto y al que el resto de los mortales sólo puede vanagloriar y seguir en sus designios y cruzadas contra el mal total e inflexible. Pero, como todo humano, el héroe actual es inmortal sólo en su recuerdo. De hecho, su muerte sirve precisamente para que su imagen sea más adorada y más verídica. Alguien alguna vez dijo que los héroes saben que la muerte no es el fin; el fin es el olvido.

La historia oficial de México está llena de este tipo de héroes. Por conveniencias políticas, más que por realidades históricas, se ha trazado la imagen de los héroes patrios sin tacha aparente. No es raro ver en libros de texto que el Padre de la Patria, Miguel Hidalgo y Costilla, era un ser bondadoso y preocupado exclusivamente por el bien de una nación que luchaba por ser independiente. O a los Niños Héroes, retratados como infantes que en defensa de su patria se lanzaron al abismo de la muerte para evitar que el enemigo tomara el pabellón nacional y lo injuriase con sus manos. O a Benito Juárez, como un ser cuya naturaleza y actos no pueden ser juzgados o discutidos, ya que esto representaría una grave traición a la patria.

Ninguno de estos ejemplos necesita ensalzamiento para brillar en su heroicidad. Como hombres que fueron, con virtudes y defectos, lucharon por lo que creyeron era justo y acorde con sus ideas, y coincidieron en dar algún beneficio a la sociedad mexicana. Muchos de los 101 héroes aquí descritos sacrificaron la vida en aras de libertad y de justicia, pero ninguno de ellos estuvo exento de tacha, ante las normas morales y sociales de sus tiempos o los actuales. La riqueza de la historia de nuestro país, junto con la conveniencia de la historia oficial, ha puesto en el mismo lugar de la gloria a hombres que se mataron entre ellos o que, durante toda su vida política, ocuparon bandos irreconciliables. Ésos son nuestros verdaderos héroes.

En la historia de México existen los héroes magnificados y los desconocidos. Uno de los objetivos de este libro, por tanto, no sólo era el acercar y humanizar a los héroes para todos conocidos, sino también recuperar a aquéllos y aquéllas que han tenido que luchar por no caer en el olvido. Estos héroes y heroínas, sin embargo, son tantos que se requerirían volúmenes enteros para hacer un recuento de sus andanzas y hechuras.

La elección de los 101 héroes de la presente edición, por tanto, no fue sencilla y mucho menos es definitiva. Tengo que agradecer muy en especial la orientación y el auxilio de mi maestro, mentor y amigo, el historiador Alejandro Rosas Robles, quien desde que le conocí me ha acercado a proyectos tan trascendentales como éste y a quien le tengo todo mi respeto y admiración.

Este libro, además, no existiría si no fuera por el apoyo y la guía de Andrés Ramírez quien siempre supo ser presencia y ausencia cuando más se le requería. Su interés por realizar proyectos de gran valía y su concentración para hacerlos con calidad, resultan inestimables.

Por último, agradezco infinitamente a Karina Merino Hinojosa cuya motivación, comprensión y ejemplo de lucha se vieron reflejados en la culminación de este libro. Muchas gracias por recorrer este camino desde el principio hasta el final y por los que siguen.

Este libro pretende ser un acercamiento a un puñado de los seres humanos que han forjado, de una u otra manera, consciente e inconscientemente, a México. Más hombres que héroes en el concepto final de la definición y la evolución del heroísmo.

# 1

## NEZAHUALCÓYOTL (1402-1472)

Tenía apenas 16 años cuando, desde su escondite, cubierto por la sombra de un capulín, vio a su padre Ixtlilxóchitl, rey de Texcoco, pelear y morir. Aún retumbaban en sus oídos las últimas palabras que le había dicho antes de que le ordenara esconderse: "Lo que te encargo y te ruego es que no desampares a nuestros súbditos y vasallos, ni eches en olvido que eres chichimeca; debes recobrar el trono que tan injustamente Tezozómoc —rey de Azcapotzalco— nos arrebata y venga la muerte de tu afligido padre". Ese día, mientras incineraba el cuerpo de su padre, auxiliado por súbditos leales, el príncipe Alcomiztli Nezahualcóyotl juró no olvidar su promesa.

Había nacido el 28 de abril de 1402 en la ciudad de Texcoco. Su educación, como la de todo miembro real, fue severa pero efectiva. En su adolescencia ingresó a la escuela de la nobleza, conocida como Calmécac. Ahí aprendió a realizar cada uno de los deberes sociales. Aprendió los códices, pero muy en especial, encontró gusto por la memorización de poemas y cantos sagrados. Quizás eran éstos y los que él mismo escribió, los que repetía en los días y meses que siguieron a la muerte de su padre, mientras estaba escondido de los guerreros de Tezozómoc, quienes tenían instrucciones de hallarlo y darle muerte para que no hubiera quien pudiera reclamar el trono de Acolhuacan.

Durante cuatro años, Nezahualcóyotl se ocultó en bosques y montañas. En más de una ocasión estuvo cerca de caer prisionero; sin embargo, el pueblo, que lo veía como el verdadero rey —mientras que a Tezozómoc se le consideraba un usurpador—, le auxilió en diversas ocasiones para escapar de sus verdugos, hasta que llegó con los tlaxcaltecas y encontró un refugio donde descansar.

Con paciencia fue tejiendo su venganza. Consiguió que su tío Chimalpopoca enviara a un grupo de mujeres nobles a pedir a Tezozómoc que permitiera a Nezahualcóyotl ingresar a Tenochtitlan, en donde viviría pacíficamente. El encanto de las damas auspició la aceptación. Dos años más habrían de pasar para que Tezozómoc le permitiera ingresar a Texcoco.

Pero el tiempo venció a la venganza. Corría el año de 1427 cuando Azcapotzalco amaneció sin rey. Tezozómoc había vivido más de cien años. Antes de dar su último suspiro, pidió a sus hijos asesinar lo más pronto posible a Nezahualcóyotl, a quien había soñado destruyendo su reino y convertido en águila y en león.

El encargo recayó en Maxtla, su hijo mayor y nuevo rey de Azcapotzalco. Sin embargo, Nezahualcóyotl había aprovechado el tiempo para hacer alianzas con los señores de Tenochtitlan y Tlatelolco. Los ejércitos de Tlaxcala, Cempoala, Cholula y Huexotzingo se unieron a él y, reunidos en los llanos de Apan, esperaron el momento exacto para entrar a Texcoco.

Las guarniciones de Maxtla, aquel 5 de agosto de 1427, no pudieron resistir el embate y, en menos de un día, Nezahualcóyotl recuperó el reino de su padre y de inmediato comenzó a reorganizar el gobierno. Aquel joven poeta que cargaba con una promesa parecía haber quedado atrás. El gobernante emergía del guerrero. Pero antes de que eso ocurriera por completo, fue por Maxtla hasta Azcapotzalco, en la que fue una de las guerras más atroces del mundo prehispánico y de la cual salió vencedor el rey poeta. Cerró ese capítulo de su vida dando muerte a Maxtla y esparciendo su sangre a los cuatro puntos del universo. Tenía 25 años y su promesa había sido cumplida.

Durante los 45 años que duró su reinado, Nezahualcóyotl logró consumar la toma de Xochimilco (1429) gracias a su alianza con Tenochtitlan y Tlatelolco; y gracias a la Triple Alianza que formó con el emperador mexica, Izcóatl, y el señor de Tacuba, Totoquihauhtzin, pudo consolidar el imperio más grande del mundo prehispánico. A él se debe el balneario de Chapultepec, así como el acueducto que dotó de agua a Tenochtitlan. De forma especial promovió la educación, la justicia, la recaudación de tributos y las artes. Nunca un gobernante tan supremo como aquél, que había comenzado desde varios años atrás a forjar su propio destino a pesar de las contrariedades que pudo encontrar en su camino. Su fortaleza le permitió vengar a su padre, pero su sabiduría y nobleza lo convirtieron en un hombre mejor: en el líder que la gente confiaba para seguir hacia la creación de un imperio insuperable.

El joven poeta nunca dejó de escribir, aun cuando la muerte le afligiera: "Allá donde no hay muerte / allá donde ella es conquistada / que allá vaya yo".

# 2

## CUAUHTÉMOC (1496-1525)

Preso por las huestes de Hernán Cortés, el último rey mexica, Cuauhtémoc, no ofrecía resistencia. A pesar del cansancio y del dolor en los pies, no pedía un momento de descanso y continuaba, junto con sus verdugos, con rumbo a las Hibueras —Honduras— por orden del conquistador. Corría el mes de octubre de 1524. El primer defensor de México tenía apenas 28 años.

Cuauhtémoc nació con la nobleza grabada en la piel. Pero aquello no le aseguró felicidad eterna: en 1502, cuando apenas tenía seis años, su padre, Ahuízotl, que era a la sazón octavo emperador de México, perdió la vida, dejando la educación de su vástago a la princesa Tiyacapantzin, su madre.

El joven Cuauhtémoc siguió su vida a pesar de la ausencia paterna. Como todo adolescente azteca de familia noble, acudió al Calmécac —escuela para la alta sociedad prehispánica— y se interesó en aprender el arte de gobernar. No le fue difícil pues traía el don de la política en las venas. Había sido testigo no sólo del legado de su padre, sino de la férrea administración de su antecesor, Moctezuma Xocoyotzin.

Desde que tomó el poder, Moctezuma emprendió una guerra contra sus enemigos y envió guerreros mexicas, entre los que se encontraba Cuauhtémoc, a Oaxaca, Chiapas o Tlaxcala, ya fuera para pacificar a la Mixteca oaxaqueña, conquistar la región chiapaneca, o capturar prisioneros para ofrecerlos como tributo a los dioses. Las guerras floridas fueron, sin lugar a dudas, el evento de mayor importancia en aquella época, al menos hasta que llegaron hombres blancos con piel de plata y pusieron en jaque el *statu quo* prehispánico.

Durante estas campañas, las dotes de Cuauhtémoc sobresalieron de inmediato. Su valentía y perseverancia le merecieron grados militares cada vez más elevados, hasta alcanzar el rango de *tecuhtli*, convirtiéndose así en señor de Tlatelolco. Tenía entonces 19 años.

Difícil era creer que nueve años más tarde se encontraría prisionero junto con otros reyes y caciques; en camino hacia ninguna parte, pues Hernán Cortés aún no decidía el rumbo de sus acciones. Lo único que el joven monarca sabía era que no se encontraba preso en México por miedo a que iniciara una revuelta.

Por varios días había soportado la tortura de los españoles. De cualquier modo, Hernán Cortés estaba dispuesto a sacarle la verdad sobre el supuesto tesoro de Moctezuma, que de existir, estaría rebosante de oro y riquezas. Aunque siempre negó cualquier posibilidad de que éste existiera, Cuauhtémoc soportó que incluso le arrojaran aceite hirviendo a los pies; los mismos en los que, días después, se apoyaba en esa expedición rumbo a su propia muerte.

Como señor de Tlatelolco brilló por su capacidad administrativa y experiencia, a pesar de su temprana edad. Había sido bien educado y la muerte temprana de su padre, lejos de debilitarlo, lo había hecho más fuerte. Se hizo respetar y consiguió la confianza de sus súbditos. Más pronto que tarde le llegó el momento de demostrar que estaba hecho con la madera para ser rey del imperio más grande de la historia prehispánica.

Cuando los españoles llegaron a tierra azteca, ya tenían consigo varios aliados que deseaban la caída del imperio encabezado por Moctezuma. Los aztecas pensaron en un principio que los conquistadores eran dioses. Temeroso, Moctezuma les envió regalos y les pidió volvieran sobre sus pasos. Sin embargo, los españoles continuaron hasta llegar a Tenochtitlan.

La historia del encuentro entre el conquistador y el emperador mexica son bien conocidos, así como la captura de éste, una semana más tarde. Cuauhtémoc y el pueblo mexica respondieron con furia a estas acciones y fueron testigos de la matanza perpetuada por los españoles en el Templo Mayor. Estuvo presente cuando Moctezuma fue obligado a apaciguar los ánimos de la multitud y perdió la vida de una pedrada, aunque también existe la versión de que fue muerto por el cuchillo de un español. Ese día ascendió Cuitláhuac al poder. Sin embargo, la viruela le habría de quitar la vida más pronto que tarde. Fue entonces Cuauhtémoc quien tuvo la responsabilidad de enfrentar a los españoles, y así fue como dio inicio a su corta era como emperador.

Desde el principio de su imperio se enfocó en defender Tenochtitlan de los españoles. Intentó aliarse con otros reyes, ofreciéndoles dejar de cobrar los habituales tributos. Hizo frente a una enfermedad hasta entonces desconocida como fue la viruela, que atacó mortalmente a la población tenochca. Fortificó la ciudad y sus prendas de guerrero águila resurgieron de entre las cenizas. A los españoles no les fue fácil enfrentarlo, pero su superioridad numérica, al final, puso en jaque la administración del joven Cuauhtémoc al sitiar la ciudad. Un día de agosto de 1521, el emperador intentó poner a su familia a salvo; sin embargo, fue descubierto y hecho prisionero. Sus días estaban contados.

Cuatro años pasó el tlatoani a las órdenes de Cortés. Desde el primer día después de su captura, Cuauhtémoc pidió al conquistador que lo matara, ya que había sido incapaz de defender su imperio. Pero pasaron años de tortura y humillación, antes de emprender la marcha hacia las Hibueras.

En 1525 Cortés supo que Cuauhtémoc y la nobleza azteca preparaban una insurrección en su contra. Se encontraban camino a las Hibueras, en algún lugar del actual Chiapas o Guerrero. De acuerdo con Bernal Díaz del Castillo, sus últimas palabras fueron: "¿Por qué me matas sin justicia? Dios te lo demande, pues yo no me la di cuando te me entregaba en mi ciudad de México". Momentos después, el primer defensor de México, yacía muerto. Cuauhtémoc fue ahorcado en ese preciso lugar.

# 3

## JACINTO CANEK (1730-1761)

Hacia el año de 1761, los mayas no creían que el tiempo fuera continuo a pesar de la doctrina española. Aún pensaban, como sus antepasados, que el tiempo era cíclico. Por lo tanto, aunque de momento se encontraban bajo el yugo español, pronto llegaría la hora en que recobrarían el poder político, social y religioso, siendo los españoles los que eventualmente tendrían que desaparecer o, al menos, integrarse al renovado orden. Cuando Jacinto Uc de los Santos llegó a Cisteil —población situada a unos 50 kilómetros de Mérida— autoproclamándose el verdadero rey de los mayas, muchos pensaron que el momento esperado había llegado.

La historia de la rebelión de Jacinto Canek ha sido repetida como muestra de la lucha de los indígenas contra el control injusto y represivo del sistema español. Por tanto, el campechano ha sido reconocido como uno de los primeros héroes que se levantaron contra el yugo virreinal. Sin embargo, sus acciones fueron muy polémicas, por decir lo menos.

Antes de encabezar la rebelión, Jacinto Uc había vagado desde su ciudad natal, Campeche, por la península yucateca prestando sus servicios como chamán. Era adivinador, curandero y guía. Al menos así fue como apareció en Cisteil en noviembre de 1761, aunque ante los principales declaró ser el rey que los liberaría, tal y como las profecías mayas habían vaticinado. Se hizo nombrar Can Ek, Rey Montezuma, y quemó los recibos por pago de tributos a los españoles. Hizo rituales nocturnos con los líderes religiosos del pueblo y convenció a todos de que en realidad era el rey. Muchos fueron los indígenas que peregrinaron desde pueblos lejanos hasta Cisteil para ser testigos de aquel hombre. Por instrucciones suyas, destazaron cientos de cochinos, que representaban la dominación española. Era cuestión de tiempo para que la sublevación contra los españoles se radicalizara.

Dicho momento llegó con el asesinato, por órdenes de Canek, de un español que llegó a Cisteil. Entonces, un maestro fue a un pueblo cercano a dar aviso a los españoles de lo que sucedía. Pocas horas más tarde, un destacamento realista se encontraba a las puertas del poblado. Sin embargo, los mayas, armados con palos, machetes, estacas y algunas armas de fuego, los rechazaron. En realidad, sólo

cuatro españoles lograron salir con vida. Los demás fueron asesinados. La guerra había sido declarada.

Ambos bandos se prepararon para una batalla de inmensas proporciones. Los españoles concentraron cientos de milicianos a 20 kilómetros al sur de Cisteil. Los mayas, por su parte, mandaron cartas a diversas poblaciones —Uxmal incluido— para pedir auxilio. Esperaban que el nombre de Canek —nombre del último gobernante de los mayas itzaes independientes— despertara solidaridad.

Durante los preparativos, Canek designó un gobierno y se apoyó en varias imágenes cristianas para motivar aún más a sus compañeros de armas. Se declaró líder religioso, y dijo ser un enviado de Dios para liberar al pueblo. La población creyó todo de aquel campechano, cuyo carisma y liderazgo eran innegables. Incluso creyeron cuando les dijo, para alentarlos, que las balas españolas no los matarían mientras no movieran los labios. Tiempo después, generales del ejército español atestiguaron que los mayas caían muertos sin emitir sonido alguno.

Los españoles, al mando de Cristóbal Calderón, atacaron con 500 hombres y toda su artillería. Sin dificultad consiguieron abatir la resistencia y entrar al pueblo, en donde destruyeron todo cuanto pudieron. Alrededor de 500 indígenas perdieron la vida, ya fuera en la batalla, o condenados en juicios sumarios. Sólo 40 españoles murieron.

Canek fue capturado al poco tiempo en su huida de Cisteil, llevado a juicio y condenado a ser despedazado con tenazas, tras lo cual se le dejaría morir naturalmente de las heridas. Su cuerpo fue quemado y sus cenizas esparcidas al viento. La rebelión apenas había durado unos cuantos días.

Muy debatida ha sido tanto la participación como las acciones de Jacinto Uc de los Santos. Lo cierto es que la rebelión respondió a un descontento del pueblo maya por haber sido subyugados al control español. La lucha fue por la libertad y por ocupar los puestos que les correspondían en el gobierno y el destino de la tierra que era suya. Por ello es que la rebelión de Jacinto Canek será siempre recordada.

# 4

## MIGUEL HIDALGO Y COSTILLA (1753-1811)

Corría la madrugada del 16 de septiembre de 1810. Hasta el cura de Dolores había llegado la noticia sobre el encierro de la esposa del corregidor de Querétaro, doña Josefa Ortiz de Domínguez. La conspiración había sido descubierta. Era cuestión de tiempo para que los realistas enfocaran sus fuerzas hacia él y sus más allegados compañeros. No había tiempo que perder. Fue entonces cuando Miguel Hidalgo y Costilla se enfundó la espada del heroísmo y comenzó su camino hacia la eternidad.

El tiempo lo ha nombrado el "Padre de la Patria" y su imagen y obra ha sido repetida y magnificada con el paso de los años. Miguel Hidalgo y Costilla se convirtió, gracias a la historia oficial, en el símbolo del heroísmo mexicano al cual no se le encontraban fallas, vicios u omisiones.

Sin embargo, Miguel Hidalgo y Costilla, lejos de lo que se piensa, no fue un hombre sin tacha. Nacido en 1753 en la Hacienda de Corralejo, en Guanajuato, pudo acceder a la educación en la ciudad de Valladolid, hoy Morelia, Michoacán. Estudió en el Colegio de San Nicolás y se graduó como bachiller en Letras, Artes y Teología. Al poco tiempo fue ordenado sacerdote (1778) y comenzó su carrera docente en el mismo colegio, en donde ocupó los cargos de catedrático, tesorero, vicerrector, secretario y rector en unos cuantos años.

El cura Hidalgo no podía ocultar su gusto por el conocimiento. Se preocupó por aprender francés, italiano, tarasco, otomí y náhuatl. Durante el tiempo que pasó por los curatos de Colima, San Felipe (Guanajuato) y Dolores, puso en marcha diversos programas de desarrollo agrícola e industrial. Cultivó la lectura, la música y la ciencia, y era versado en los haberes y deberes de la administración del alma y el gobierno.

Pero tampoco ignoró los placeres del intelecto y del cuerpo. Su carisma le proporcionó la confianza y el cariño de sus feligreses, quienes no veían con malos ojos el que, al calor de alguna copa de alcohol, comenzara a debatir sobre diversos temas. Sus disertaciones eran fundadas y sus argumentos sólidos. Quien lo escuchaba quedaba fascinado.

Su encanto atraía también a las mujeres. Su investidura eclesiástica no fue barrera para que, al paso de los años, corriera el rumor de que había tenido hijos, hecho nunca comprobado. Tampoco veía nada malo en participar en los juegos de azar que tan prohibidos tenía la Iglesia a la población. El cura Hidalgo era más un líder de opinión que un guía espiritual para la población de Dolores, y quizá fue por eso que muchos le siguieron sin un soplo de duda aquel 16 de septiembre, cuando hizo repicar la campana de la iglesia para llamar a enfrentar al ejército español al grito de "¡Mueran los gachupines!"

El ejército que conformó poco o nada sabía del orden y las estratagemas militares. Durante el tiempo que Hidalgo encabezó la rebelión, permitió derramamiento de sangre innecesario, saqueos y desmanes perpetrados por sus propios batallones. El cura no tenía un plan para ganar la lucha contra los realistas y mucho menos un programa de gobierno para suplantar al establecido. Una cosa era cierta: inicialmente Miguel Hidalgo y Costilla no pretendía independizar al país de España; su intención primordial era, más bien, crear un cambio en el virreinato y nada más.

El desorden de su campaña le creó problemas con sus compañeros de cruzada. Ignacio Allende, quien pudo haber dado a las tropas el orden y la organización que Hidalgo nunca les dio, pronto se separó de él, aunque siguió en la lucha. A pesar de ello, el cura estuvo a unos cuantos kilómetros de tomar la Ciudad de México y vencer cualquier reacción del ejército realista. Sin embargo, decidió marchar hacia Guadalajara, cambiando para siempre la historia.

Miguel Hidalgo pareció, entonces, caer en brazos del poder, la soberbia y el nihilismo. Llamado y tratado como Alteza Serenísima, el cura puso en peligro a la rebelión. Sin embargo, antes de eso tuvo la lucidez de abolir la esclavitud y decretar la restitución de tierras durante su estancia en Guadalajara, cuando el mes de diciembre de 1810 apenas comenzaba.

Un mes más tarde, en enero de 1811, el ejército realista se había sobrepuesto a la sorpresa y comenzó a recuperar las ciudades tomadas por los sublevados. Las huestes de Hidalgo fueron derrotadas muy cerca de Guadalajara y fue entonces cuando el cura se dio cuenta de lo que en realidad pasaba a su alrededor. El precio de su poder había resultado demasiado caro cuando revisó los asesinatos y desmanes que había permitido. Quiso recomponer el camino, pero ya era demasiado tarde.

Fue capturado por Ignacio Elizondo en Acatita de Baján el 21 de marzo de 1811, mientras marchaba rumbo a Estados Unidos, con la intención de reorganizar a las tropas y volver a la carga contra los realistas. Se le condujo a

Chihuahua, en donde fue juzgado y sentenciado a muerte. El 30 de julio siguiente cayó fusilado. Unos días más tarde, su cabeza era exhibida en una de las esquinas de la Alhóndiga de Granaditas como mensaje a los sublevados.

El primer líder de la rebelión contra los españoles, aquél que ha sido recordado como el "Padre de la Patria", cuya imagen es símbolo de identificación nacional y de la lucha que concluyó en nuestra añorada independencia; aquel hombre que se llenó de heroísmo y cuya memoria nunca habría de perderse había muerto. Con su fusilamiento, el movimiento insurgente parecía quedar abandonado a su suerte y sentenciado a perderse en el olvido. Los propios españoles y realistas así lo pensaron y difundieron la noticia sin restricción. Sin embargo quedaba muy viva la flama de la libertad proclamada en aquel grito de Dolores. El movimiento estaba destinado a sobrevivir.

# 5

## HERMENEGILDO GALEANA (1762-1814)

Llevaba apenas unos días unido al ejército de José María Morelos y Pavón. Había vivido en carne propia algunas batallas de menor importancia. Sin embargo, fue el 13 de noviembre de 1810, en El Veladero, cuando tuvo oportunidad de mostrar su gallardía. En aquella ocasión, vio con orgullo cómo su cañón, "El Niño", y el grupo de soldados que lo acompañaban hacían estragos en las filas realistas. A pesar de ello, la importancia de Hermenegildo Galeana en el bando insurgente estaba aún por demostrarse.

Poco a poco, Galeana comenzó a ganarse la confianza de Morelos. El 29 de marzo de 1811, Morelos había caído enfermo y cedió el mando a un coronel de apellido Hernández, quien debía enfrentar a los españoles en el campo de Los Coyotes. Sin embargo, cuando la batalla inició, Hernández decidió huir y dejar a los soldados en la refriega. Entonces, Galeana tomó el mando y guió a sus soldados a responder al sitio que los realistas les habían puesto. A los seis días consiguieron romperlo. Hermenegildo Galeana salió, aquel día, no como un participante más de la lucha por la independencia, sino como un jefe cuyo destino estaba ligado a la libertad de la patria.

En los siguientes días y meses, los batallones de Morelos consiguieron victorias trascendentales en las cuales Galeana participó activamente. Pero fue en Cuautla en donde volvió a demostrar su arrojos. Morelos había ordenado que se preparara al pueblo para enfrentar al ejército encabezado por Félix María Calleja. Galeana fue de los primeros en llegar y desde el primer día auxilió en las maniobras de fortificación de la plaza, aprovisionamientos y demás acciones necesarias para la defensa. Y fue gracias a ellas que el 19 de febrero de 1812 las fuerzas de Calleja, a pesar de contar con más hombres, tuvieron que hacer la retirada al ser expulsados por los insurgentes. El sitio se convirtió entonces en la estrategia española para hacer capitular a los seguidores de Morelos.

Durante setenta y dos días, Cuautla estuvo asediada por las fuerzas realistas. Dentro del poblado escaseó la comida, el agua, pero nunca los ánimos de vencer al enemigo. Durante todo ese tiempo, Hermenegildo Galeana defendió con éxito el suministro de agua. Logró salir y entrar del cerco español para traer aprovisionamientos. Junto con

Morelos, rechazó cualquier indulto ofrecido por Calleja cuando las peores circunstancias dictaban otra cosa. Y finalmente, fue uno de los que rompieron definitivamente el sitio el 2 de mayo de 1812.

Galeana estaba ya convertido en uno de los jefes insurgentes más importantes. Sus operaciones en Chilapa, Oaxaca y Acapulco, tiempo después del sitio de Cuautla, resultaron siempre a su favor. Fue la política lo único que lo puso entre la encrucijada del desánimo y la derrota.

El Congreso de Chilpancingo (septiembre de 1813) representa en la historia de México el primer intento por crear una base de gobierno. Ahí se establecieron los principales anhelos por lograr una nación próspera y autosuficiente. Sin embargo, también se tomaron decisiones militares que trazaron el destino de personas como Galeana.

El "Tata Gildo", como le decían sus soldados, fue puesto bajo las órdenes de Juan Nepomuceno Rosáins, quien tenía poca experiencia militar. Las derrotas, por tanto, comenzaron a ser frecuentes y Galeana tuvo que escapar de la muerte en varias ocasiones. Pensó entonces en retirarse de la contienda, pero su lealtad a Morelos y a la obra que estaban trazando juntos lo disuadió. Su última gran defensa fue en El Veladero, de donde tuvo que escapar hacia

Coyuca. Ahí fue atacado de nueva cuenta. Galeana intentó escapar a galope, pero la mala suerte le hizo golpearse y caer de su caballo. Los realistas lo encontraron doliéndose en el suelo. Nadie se atrevía a acercársele. Excepto un soldado de nombre Joaquín León, quien antes de que pudiera defenderse, le disparo en el pecho. Galeana, a pesar de ello, intentó sacar su espada, pero León se apresuró y de un tajo le cortó la cabeza. Corría el 27 de junio de 1814.

Su cabeza fue puesta en la punta de una lanza en la plaza de Coyuca para escarmiento de los insurgentes y su cuerpo, enterrado en un sitio sin precisar. Aquel día, la rebelión de Morelos recibió uno de sus más duros golpes. Galeana, sin embargo, había recorrido a sus 52 años el camino hacia el heroísmo.

# 6

## LEONARDO BRAVO (1764-1812)

Escondido en las cuevas de Michapa junto con sus hermanos y su hijo Nicolás, su compromiso con el movimiento insurgente se fue fortaleciendo. No tenía planeado entrar en la lucha, pero tampoco estaba dispuesto a apoyar al ejército realista como lo demandaba el sistema virreinal. Se había negado a proporcionar y organizar hombres para luchar contra la insurgencia y como castigo había sido acosado por el gobierno. Por ello, se vio obligado a escapar y dejar sus pocas tierras para salvarse de la furia española. Pocas opciones tenía más que unirse a la justa en la que siempre creyó.

Desde el inicio de la insurgencia, don Leonardo Bravo, quien había nacido en Chilpancingo en el seno de una familia humilde y campesina, inculcó a sus familiares e hijos las ideas de justicia y libertad. Por lo mismo, cuando José María Morelos llegó a las inmediaciones de su tierra, no tuvo dudas en unírsele y prestarle sus servicios.

Poco sabía de habilidades militares, y sin embargo se entregó de lleno a cada tarea que se le encomendaba. Construyó material de guerra, administró recursos, expidió pasaportes y se plantó en la línea de fuego en cada combate. Su valor quedó demostrado en varias batallas como la de Izúcar, acaecida en diciembre de 1811. Después participó en la planeación de la defensa de Cuautla y protegió con eficacia la iglesia de Santo Domingo durante el afamado sitio de febrero a mayo del mismo año contra las fuerzas del poderoso Félix María Calleja. Don Leonardo Bravo se había convertido en poco tiempo, en uno de los auxiliares más importantes del movimiento encabezado por Morelos.

Fue por ello que, después de romper el cerco español, refugiarse en la hacienda de San Gabriel y ser tomado prisionero por fuerzas realistas, su ausencia fue notablemente sentida. Conducido a la capital de la Nueva España, fue enjuiciado y sentenciado a la muerte por garrote, pena que consistía en estrangular al reo con un arco de hierro sujeto a un poste fijo.

Antes de que ello sucediera, el virrey ofreció perdonar la vida de don Leonardo a cambio de que Nicolás y sus hermanos —Miguel, Víctor, Máximo y Casimiro— se retiraran de la insurgencia. Don Leonardo les había enseñado bien: sus familiares sabían que la libertad y la justicia no son negociables. A pesar de ello, Morelos permitió que

Nicolás ofreciera la libertad de ochocientos prisioneros españoles por la de su padre. El virrey no aceptó. El 13 de septiembre de 1813, don Leonardo Bravo, gallardo héroe, fue ejecutado. Con su muerte, el movimiento insurgente perdió a uno de sus más valerosos hombres. Su legado, en los hombros de Nicolás Bravo, tuvo buen destino en la lucha por la independencia.

# 7

## JOSÉ MARÍA MORELOS Y PAVÓN (1765-1815)

Había viajado desde Carácuaro a Valladolid para encontrarse con su antiguo rector. Sin embargo, llegó demasiado tarde, éste acababa de pasar junto con su vorágine insurgente. Nada de eso disuadió al cura y siguió su camino hasta que dio con el de Dolores en el poblado de Charo, el 20 de octubre de 1810. Ahí platicaron por varias horas. El cura de Carácuaro le propuso que le aceptara en las filas insurgentes como capellán. Miguel Hidalgo y Costilla lo vio de frente. "Padre, me parece que mejor ha de ser usted un general", le contestó. José María Morelos y Pavón, desde ese momento, quedó como lugarteniente encargado de levantar en armas el sur de la Nueva España.

Había conocido al cura cuando éste era rector del Colegio de San Nicolás en Valladolid —hoy Morelia—. El conocimiento llegó tarde a Morelos. La precariedad económica de su familia lo obligó a trabajar antes de educarse. Sin embargo, mientras trabajaba en las labores del campo, la ganadería y la arriería, aprendió de su patrón a llevar la contabilidad de la hacienda donde laboraba. Sabía que un día aquellos conocimientos le serían de utilidad.

Hasta los 24 años pudo entrar al colegio. Sus maestros siempre tuvieron palabras de elogio para el joven. Ahí conoció a Hidalgo de quien se quedó con una imagen muy marcada. Un año más tarde, Morelos se graduaría como uno de los mejores alumnos de su generación por lo que recibiría el grado de bachiller. Sin embargo, la influencia de su madre, de quien había sacado la fortaleza de carácter ante la ausencia del padre, lo llevó a unirse al seminario. Tan sólo dos años más tarde, en 1797, Morelos fue ordenado sacerdote.

En 1799 se le envió al curato de Carácuaro, en la sierra michoacana. Ahí demostró su vocación religiosa. Se preocupaba por sus feligreses e intentaba que éstos mejoraran sus condiciones. El alma empresarial y comercial le brotaba para intentar que Carácuaro se convirtiera en un poblado próspero. Sus lineamientos comenzaban a surtir efecto cuando recibió la noticia de que su antiguo rector, Miguel Hidalgo, había sido excomulgado por la Iglesia debido a su participación en el movimiento insurgente, iniciado unos días atrás. Aquel octubre de 1810, la vida de Morelos cambiaría para siempre.

Al día siguiente de que le fue conferido el mando de la insurgencia en el sur, comenzó lo que se conoce su primera campaña, destinada a la propagación de las ideas insurgentes y a formar un ejército. De Valladolid había salido con 25 hombres. El 12 de noviembre siguiente, es decir, 18 días más tarde, su ejército sumaba más de dos mil hombres.

La organización del ejército era su principal preocupación. No quería que éste fuera como las turbas de Hidalgo, indisciplinadas y voraces. Fue así como aquel hombre de estatura pequeña, complexión robusta y, aunque criollo, con sangre africana, comenzó por impartir una disciplina férrea pero efectiva. A su mando se le unieron personajes fundamentales como los hermanos Galeana y Bravo; todos convencidos de que la guerra la hacían por la búsqueda de la justicia, la igualdad y la supresión de la esclavitud, sin distinción de castas.

Durante los siguientes días, Morelos enfrentó una serie de batallas con éxito. Sin embargo, pronto se enteró de la aprehensión de Hidalgo y los demás cabecillas en Baján. Ante la noticia, abatido, prefirió guardar silencio a sus tropas. La guerra continuaría sin importar quién la dirigiera.

Ignacio Rayón, quien tomó el mando de la insurgencia, buscó ganar su lealtad. Nunca hubo una verdadera concordancia entre los dos; sin embargo, Morelos aceptó su invitación para formar la Suprema Junta Nacional Americana en 1811, que pronto tuvo que peregrinar por lo que hoy es Michoacán y Guerrero para salvarse del asedio realista. Morelos les prestó protección. La segunda campaña había comenzado.

Estuvo a punto de tomar Toluca, la puerta hacia la capital, pero prefirió, por razones no muy claras, no hacerlo. Se retiró hacia tierras más conocidas en donde lo esperaba una de las gestas más heroicas de la guerra insurgente. En Cuautla, su ejército fue sitiado por las fuerzas de Félix María Calleja durante setenta y dos días, al borde de la inanición. El valor de Morelos, así como de los que le acompañaban, ha quedado en los más altos peldaños del atrio del heroísmo. Rompió el sitio el 2 de mayo de 1812, dando a los realistas un duro golpe.

La tercera campaña no fue menos intensa. La toma de Acapulco, protegida con vehemencia por los españoles por su importancia económica y su posición estratégica como puerto, fue finalmente lograda por el Siervo de la Nación. Pero su mayor ofrenda a la patria fue el documento que escribió bajo el título *Los Sentimientos de la Nación*. En ella, por primera vez se establece la posibilidad de la independencia de México, la división de poderes en ejecutivo, legislativo y judicial, y el establecimiento de normas en cuanto a religión, libertad, justicia, educación, problemas agrarios, y más. Este documento sirvió como antecedente de la Constitución de Apatzingán en octubre de 1814.

Morelos defendió y protegió al Congreso, que dio vida a la Constitución y que le nombró un año atrás generalísimo y encargado del Poder Ejecutivo, hasta llevarlos con bien a Temalaca, Guerrero. Pero Calleja, que seguía sus pasos de cerca desde el sitio de Cuautla, encontró la oportunidad para atacarlo. Morelos se hallaba debilitado con la muerte de Mariano Matamoros y Hermenegildo Galeana, por lo que Calleja, confiado, ordenó a sus tropas un ataque frontal contra el Siervo de la Nación. Morelos, después de cinco años en la insurgencia, fue finalmente aprehendido.

Llevado a la Ciudad de México, fue juzgado, degradado y sentenciado por el Tribunal de la Inquisición. En San Cristóbal Ecatepec, fue fusilado el 22 de diciembre de 1815 uno de los más grandes hombres que el país ha dado. Su lucha, así como su tinta, fue pretexto para fundar al país que años más tarde nacería libre e independiente.

# 8

## GERTRUDIS BOCANEGRA (1765-1817)

No era usual que las mujeres tuvieran acceso al conocimiento. Pero ella buscó, de una u otra forma, el modo para hacerse de libros que le contagiaban el ánimo libertador. Los autores de la Ilustración despertaron en ella una conciencia de justicia social y libertad. Por ello, cuando inició el movimiento insurgente en 1810, y a pesar de que sus padres y su marido, Pedro Advíncula de la Vega, eran españoles, de inmediato sintió simpatía por la causa.

Al principio dudó en hacerle saber sus pensamientos a su esposo. Al fin y al cabo, don Pedro era una soldado de la tropa provincial. Sin embargo, pronto se dio cuenta de que ninguno de los dos podía estar en contra de un movimiento que intentaba dar justicia a los habitantes del país.

Los dos se lanzaron a apoyar la insurgencia. Incluso un hijo suyo, a la primera oportunidad, se unió a las huestes de Hidalgo. Sin embargo, con el paso del tiempo, fue doña Gertrudis quien pudo brindar mayores servicios a la causa insurgente. En especial, después de que tanto su esposo como su hijo fallecieran en el campo de batalla.

Doña Gertrudis, a pesar de las dolorosas pérdidas, continuó con la gesta. Si de alguna forma podía honrar a sus muertos era luchando a favor de la causa por la que habían entregado sus vidas.

Bocanegra había nacido en Pátzcuaro, Michoacán, y conocía a diestra y siniestra a las personas y los senderos de aquella zona. Gracias a ello, pudo organizar una extensa red de comunicación entre los jefes insurgentes, sirviendo ella misma de correo entre Pátzcuaro y Tacámbaro.

Los cabecillas del movimiento encontraron en ella una persona de confianza. Por ello, cuando la insurgencia parecía destinada a resquebrajarse por la desunión, el poderío del ejército realista y la obstinación del gobierno virreinal, tomó un papel definitivo para la supervivencia del movimiento.

Enviada a Pátzcuaro, se le encomendó preparar la toma de su pueblo natal. De inmediato, sus cualidades de mando y organización salieron a relucir. Comenzó por organizar las fuerzas insurgentes dentro del poblado para permitir la entrada de los que se encontraban a las afueras. También se informó del estado de la defensa realista y trató de convencer a diversas personas de unirse al movimiento. Su gallardía llegó al punto de pedir a soldados realistas que cambiasen de bando. Tal temeridad le costó la vida.

Traicionada, fue apresada por las autoridades virreinales. Siguieron largos interrogatorios para tratar de sacarle alguna información. Sin embargo, Bocanegra no dijo una sola palabra que pusiera en peligro al movimiento, tal era su firmeza y fortaleza de carácter. Enjuiciada y sentenciada fue fusilada al pie de un fresno el 11 de octubre de 1817.

# 9

## SERVANDO TERESA DE MIER (1765-1827)

Los días le parecían lentos mientras el barco en el que atravesaba el Océano Atlántico se acercaba a su objetivo final. Apenas tenía 29 años y jamás había imaginado que a tan temprana edad conocería España. La situación, sin embargo, no era la ideal, pues iba a cumplir la condena del destierro.

Servando Teresa de Mier Noriega y Guerra había nacido en Monterrey, Nuevo León, en el año de 1765. Muy temprano en su vida encontró el llamado a la vocación religiosa y para 1780 estaba siendo ordenado como fraile dominico. El conocimiento era su más grande pasión y se convirtió en uno de los más importantes investigadores de su época. Esta motivación por encontrar la verdad, lo llevó a concluir que la aparición de la Virgen de Guadalupe a Juan Diego, varios años atrás, había sido diferente de como marcaba la tradición. Fue justamente un 12 de diciembre de 1794, cuando frente al virrey, el arzobispo de México y demás miembros de la elite política y religiosa novohispana, pronunció un sermón en el que defendía su teoría. La indignación que causó fue mayúscula, y el resultado fue la prohibición para ejercer la docencia, inhabilitación como sacerdote y la pérdida del grado doctoral. Pero el peor castigo, que marcaría su vida para siempre, fue la condena a 10 años de destierro en España.

Estuvo recluido en el convento de las Caldas, en Santander. En 1796 pidió ser trasladado a Madrid para exponer su caso ante el Consejo de Indias. Su petición fue aceptada, pero en el camino encontró una oportunidad para escapar y la tomó. Fue así como fray Servando Teresa de Mier se convirtió en un eterno prófugo.

No pasó mucho tiempo para que lo aprehendieran y condujeran al convento de San Pablo de Burgos, de donde volvió a escapar en 1801. El destino lo llevó a Francia. Para 1804 se encontraba, secularizado, en Madrid. Seguía anhelando su tierra y no dudó en publicar una sátira en la que apoyaba la independencia de México, cuando aún estaba lejos de comenzar la guerra comandada por Miguel Hidalgo y Costilla. Fue nuevamente aprehendido por ello, pero ya no había barrera que limitara su libertad: volvió a escapar y huyó a Portugal. En 1808, durante la guerra entre España y Francia, se enlistó en el batallón de voluntarios de Valencia, pero fue hecho prisionero por los franceses. Escapó de la prisión de Zaragoza y viajó a Londres.

Corría el año de 1811 y la rebelión insurgente en México se encontraba en su máximo punto. Desde el exilio, Teresa de Mier colaboró en el periódico *El Español* y publicó textos que apoyaban la insurgencia; pero su participación todavía habría de ser más profunda, pues al poco tiempo se encontró con el guerrillero español, Xavier Mina, a quien propuso dirigir una expedición para liberar a México del virreinato español. Mina, gustoso, embarcó junto al neoleonés desde el puerto de Liverpool hacia América un 15 de mayo de 1816. En Estados Unidos y algunos países caribeños reclutaron un pequeño ejército que llegó a Soto la Marina, Tamaulipas, el 15 de abril de 1817, desde donde Mina se internó para enfrentar a los realistas, dejando en el puerto a fray Servando. Tan sólo un mes después, el general realista Joaquín de Arrendondo los derrotó y Teresa de Mier volvió a prisión.

Durante varios meses permaneció en las mazmorras de San Juan de Ulúa, las celdas de San Carlos en Perote y los sótanos del Palacio de la Inquisición. Su presencia, su historia y su fortaleza hicieron que los realistas ordenaran su deportación a La Habana. Sin embargo, unos meses después se le podía ver en Estados Unidos en plena libertad. Una vez más, había escapado y se hallaba en pie de lucha.

Pero los tiempos habían cambiado. La independencia en México, con la intervención de Agustín de Iturbide, era ya una realidad. Quizá fue por ello que decidió regresar al país. Su itinerario, sin embargo, habría de darle una nueva sorpresa: al pasar por San Juan de Ulúa, último bastión español, fue reconocido y encarcelado. Esta vez, no fueron sus triquiñuelas las que lo salvaron, al ser electo diputado por Nuevo León en el Primer Congreso Constituyente, fue liberado.

Fray Servando aprendió en sangre propia el costo de la libertad. Fue por ello que desde un principio se mostró en contra del imperio de Iturbide. Una vez más, sus declaraciones lo llevaron a prisión. Pero no había forma de detenerlo y del Convento de Santo Domingo escapó por última vez en su vida. Fue un acérrimo defensor del centralismo. Sus ideas siempre fueron respetadas y escuchadas; al fin y al cabo, había pasado años luchando contra los límites de la libertad.

En 1824 fue uno de los que firmaron la primera Constitución de México. Y trabajando por el país encontró la muerte natural. Sus escritos, que lo han inmortalizado más que su propia historia, constituyen una fuente de conocimiento ideológico de un país en busca de su libertad. Fray Servando Teresa de Mier nunca logrará escapar de la eternidad.

# 10

## JUAN ALDAMA (1769-1811)

Sabía que no había tiempo que perder. Su posición dentro del Ejército Realista le había dado la posibilidad de acceder a información que, de otra forma, no conocería. Poco importaba ya su posición encubierta, ni sacar a la luz su postura e ideología insurgente. Lo fundamental era salvar la conspiración.

Juan Aldama era capitán de caballería del Regimiento de la Reina, pero traía en la sangre el fervor revolucionario. Como a todos los demás conspiradores, la institución virreinal le parecía caduca: controlada por españoles, sin espacio para los criollos. Al igual que Miguel Hidalgo y Costilla, Aldama no pensaba en una independencia, sino en la autenticidad de un orden monárquico liderado por criollos y mestizos.

Desde 1809, el hijo de San Miguel el Grande —hoy San Miguel de Allende, Guanajuato— encontró el camino idóneo hacia la subversión. Por su hermano Ignacio supo de unas juntas celebradas en Valladolid, en las cuales participó activamente. Después se enteró de que en Querétaro un grupo de personas se reunía para planear un cambio en la Nueva España. Con sigilo, para no ser descubierto por sus compañeros de armas, viajó hasta allá para reunirse con los conspiradores. Ahí encontraron expresión sus propias ideas. Desde entonces, Aldama estuvo ligado al destino de los insurgentes.

Fue de los primeros en enterarse que la conspiración había sido descubierta. De inmediato supo que tenía que advertir a los demás. A toda prisa se dirigió hacia el curato de Dolores, donde Miguel Hidalgo e Ignacio Allende recibieron la noticia con sorpresa. Unas horas más tarde, Dolores fue testigo de la salida de los tres libertadores, junto con un séquito de hombres mal armados, hacia la guerra por la libertad.

Aldama fue nombrado teniente general, y se destacó en hechos de armas como la batalla de Monte de las Cruces y el asalto a Guanajuato. Sin embargo, como militar, veía con preocupación la indisciplina de su ejército. Llegado el momento, se unió a Allende, y aunque lograron varias victorias juntos, también sufrieron la desazón de la derrota. Era un hecho que el ejército realista se había fortalecido, y al mando de Calleja logró vencer a los insurgentes en Aculco el 7 de noviembre de 1810, y en Puente de Calderón el 16 de enero de 1810.

Junto con Hidalgo, Allende y varios más, emprendió la marcha rumbo al norte. Y al igual que ellos, fue capturado en Acatita de Baján por Ignacio Elizondo. Fue llevado a Chihuahua, donde se le juzgó y sentenció como culpable de propiciar el levantamiento de Hidalgo. Juan Aldama fue fusilado junto con sus compañeros el 26 de junio de 1811.

# 11

## IGNACIO MARÍA DE ALLENDE
## Y UNZAGA (1769-1811)

Su experiencia lo hacía el indicado para encabezar el movimiento insurgente. Desde su juventud había mostrado sus dotes militares. Hijo de un hacendado y comerciante que había sabido hacerse de una pequeña fortuna, a Allende no le hizo falta nada. Trabajó en el campo y adquirió las artes del toreo y la charrería como pasatiempo. Pero fue la milicia lo que le fascinó.

Dentro del ejército realista tuvo la oportunidad de viajar desde San Miguel el Grande —hoy San Miguel de Allende, Guanajuato—, donde nació, hasta la entonces provincia mexicana de Texas en 1801 a las órdenes de Félix María Calleja, quien tenía fama de gran estratega. Calleja fue un buen instructor y Allende pronto escaló jerarquías hasta alcanzar el grado de capitán. Sin embargo, su batallón fue disuelto y tuvo que regresar a San Miguel para encargarse del Regimiento de Caballería de la Reina. El Allende que regresó era distinto al que se había ido.

Sus ideas habían madurado y comenzaba a dudar en las formas que el sistema virreinal imponía a la población de la Nueva España.

El viento de la sublevación sopló en San Miguel el Grande desde muy temprano. Las noticias de una reunión en Valladolid, en donde se discutía un cambio en el virreinato, pronto llamaron su atención. Tanto Allende como Juan e Ignacio Aldama, se trasladaron hasta el seno mismo de la conspiración y comenzaron a compartir sus experiencias. Por fin, habían encontrado un lugar en donde los límites de la libertad se discutían en aras de eliminarlos por completo. La junta de Valladolid, sin embargo, estaba destinada a ser descubierta. Muchos de sus participantes fueron encarcelados y sus ganas de luchar anuladas. No fue el caso de Allende, en quien aún ardía la llama de la rebelión.

Pronto supo de la conspiración de Querétaro, encabezada por Miguel Hidalgo y Costilla, y doña Josefa Ortiz de Domínguez. Hasta allá fue el caudillo. Y fue en esas reuniones que Allende unió su destino al de los futuros conjurados.

El 16 de septiembre, Allende se hallaba con el cura Hidalgo. Ambos se enteraron, por Juan Aldama, que la conspiración había sido descubierta. El plan de iniciar la batalla el 1 de octubre, por tanto, se adelantó para aquella madrugada. Aunque Allende estaba más preparado, el arrojo del cura Hidalgo lo destinó a ser la cabeza del grupo. Allende, a su lado, salió con 800 hombres de Dolores rumbo a la eternidad.

Con grandes virtudes, enfrentó y venció a los realistas en batallas como la del Monte de las Cruces, el 30 de octubre de 1810, que fue la más grande victoria de la primera etapa de la insurgencia. Para ese momento, había sido nombrado capitán general de la revuelta y sus hombres ascendían a 80 mil.

Pero la desorganización e indisciplina de los insurgentes le molestaba. La derrota en Aculco, el 7 de noviembre, frente a las tropas de su antiguo jefe, Félix María Calleja, así lo demostró. Además, deploraba que Hidalgo no se hubiera atrevido a tomar la Ciudad de México cuando más cerca la tenían. Todo ello hizo que se separara del cura, pero nunca del movimiento. Se olvidó, entonces, de la política y se concentró en la milicia.

Pero el camino le habría de poner nuevas dificultades. En Guanajuato, después de una larga defensa, fue vencido nuevamente por Calleja y tuvo que salir hacia Guadalajara. Ahí, volvió a enfrentar a los realistas en la batalla de

Puente del Calderón, la cual, de no haber sido por Allende, Juan Aldama y Mariano Abasolo, hubiera terminado en los primeros minutos. A pesar de ello, los españoles se impusieron. El movimiento parecía condenado a muerte.

Hidalgo decidió renunciar al mando de la insurgencia y Allende fue nombrado generalísimo. La decisión conjunta fue marchar hacia Estados Unidos para reorganizarse. Sin embargo, en su camino fueron aprehendidos por el traidor Ignacio Elizondo en Acatita de Baján. Enviado junto al resto de los cabecillas a Chihuahua, fue juzgado y fusilado el 26 de junio de 1811. Su cabeza fue colgada en una de las esquinas de la Alhóndiga de Granaditas en donde permaneció durante el resto de la guerra.

Allende, quien quizá debió haber sido el jefe de la insurrección desde el primer instante, será siempre recordado por su valentía y su talento para la organización de la lucha por la libertad.

# 12

## MARIANO MATAMOROS (1770-1814)

Pocas cosas le importaban más que la libertad, la justicia y la razón. Por ello, mientras escapaba de la cárcel, sabía que lo que hacía sería bien visto por los ojos de su Dios. Así como el simpatizar abiertamente con el movimiento insurgente no le causaba ningún arrepentimiento desde lo alto de su curato en Jantetelco —actual estado de Morelos—, seguir bajo las órdenes de uno de los líderes insurgentes más importantes no le causaba resquemor alguno. Fue así como siguió su paso hasta encontrarse en Izúcar, Puebla, con José María Morelos y Pavón.

Mariano Matamoros, quien se había ordenado sacerdote después de graduarse como bachiller en Arte y Teología, poco o nada sabía de estratagia militar. Sin embargo, era un excelente aprendiz y desde aquel 16 de diciembre de 1811, en que se presentó ante Morelos, poco a poco comprendió los secretos de la milicia. Combatió en Tecualoya y Tenancingo. Pero su bautismo de fuego se dio en febrero de 1812, durante el sitio de Cuautla.

Durante setenta y dos días, el ejército realista, encabezado por Félix María Calleja, sitió a las huestes de Morelos en aquella población. Las constantes batallas, la formación de barricadas, trincheras y demás posiciones defensivas, acabaron por enseñar a Matamoros el arte de la supervivencia. En aquellos días, demostró a Morelos que estaba hecho para la lucha, por lo que éste le dio el encargo de romper el sitio para conseguir víveres y lograr el auxilio de Miguel Bravo. Una noche de abril, así lo hizo. Sin embargo, no logró volver a entrar con las provisiones.

Las virtudes de Matamoros pronto le ganaron el grado de teniente general. El capitalino se había convertido en el brazo derecho de Morelos. No dejó de participar en férreas batallas, de la mayoría de las cuales salió avante con cierta facilidad; al menos hasta que se topó con las fuerzas de Agustín de Iturbide y con los designios políticos del Congreso de Chilpancingo.

Las derrotas, entonces, le persiguieron. Ya fuera en Valladolid, el 23 de diciembre de 1813, o en la Hacienda de Puruarán el 4 de enero de 1814, la historia se repetía: las fuerzas de Iturbide vencían con cierta facilidad. En esta última batalla fue capturado por un soldado de nombre Eusebio Rodríguez.

Fue llevado a los calabozos de la Inquisición en Valladolid, en donde esperó su suerte. Morelos buscó negociar con Calleja su liberación a cambio de la libertad de 200 soldados realistas. El español rechazó cualquier oferta. Las autoridades eclesiásticas degradaron su condición sacerdotal y lo entregaron a las autoridades civiles. Éstas le encontraron culpable de traición y fue fusilado en la misma Valladolid el 3 de febrero de 1814.

# 13

## JOSEFA ORTIZ DE DOMÍNGUEZ (1771-1829)

Nunca se le ocurrió al corregidor de Querétaro, Miguel Domínguez, que encerrar bajo llave a su esposa sería insuficiente. Los momentos eran aciagos y el licenciado estaba tratando de proteger a su mujer. Pero, a esas alturas, nada podía detener a la nacida en Valladolid (hoy Morelia, Michoacán). Con el tacón de su zapato golpeó fuerte y repetidamente en el piso de la habitación en la que se encontraba. Tras escucharla, el alcaide Ignacio Pérez fue a su encuentro. Sólo había una petición de la heroína más afamada del país: avisar a Ignacio Allende que la conspiración había sido descubierta.

Nadie imaginaba que ese hecho abriría las puertas al inicio de la guerra que desembocaría, varios años más tarde, en el nacimiento de una nueva nación llamada México. Así como nadie sabía que aquella indiscreción le abriría a doña Josefa Ortiz de Domínguez las puertas de la Historia.

Las órdenes de la administración virreinal al corregidor habían sido claras: aprehender a todos aquéllos que estuvieran conjurando contra el sistema establecido. Pocos sabían, en ese entonces, que era su casa y la de su esposa el principal punto de reunión de los subversivos. Tanto don Miguel como doña Josefa apoyaban la insurrección, aunque era la corregidora la que estaba dispuesta a entregar todo de sí para lograr el éxito de la empresa que habían empezado a planear y que estaba programada para estallar el 1 de octubre de 1810.

Fue dentro de las habitaciones de ese hogar en donde se encontraron Miguel Hidalgo y Costilla, Ignacio Allende, Juan e Ignacio Aldama, junto con otros tantos militares, abogados, burócratas y comerciantes para hablar, discutir y debatir sobre las injusticias del sistema virreinal y los sucesos en España. La casa número 14 de la calle Descanso se convertía en esas noches en el centro de sublevación. Todos estaban de acuerdo en una cosa: había llegado el tiempo de los criollos. Y fue ahí en donde doña Josefa pudo expresar toda su indignación por el trato hacia los hombres de esta tierra, su tierra. Hasta que fue descubierta la conjura y el corregidor tuvo que actuar para evitar sospechas.

Gracias a las acciones de doña Josefa, la noticia llegó a oídos de Juan Aldama, y éste las hizo llegar a Hidalgo y Allende, quienes decidieron iniciar la insurgencia con el grito de Dolores. Mientras tanto, el destino de los corregidores estaba en suspenso.

Una denuncia más llegó hasta la alcaldía de Querétaro el mismo 16 de septiembre. Ésta vez era en contra de los corregidores, quienes fueron arrestados y separados. Don Miguel fue a dar al Convento de la Cruz, mientras Ortiz de Domínguez era recluida en el de Santa Clara. La prisión de ambos duró apenas unos cuantos días, tras lo cual fueron liberados. Ajenos a las actividades de la rebelión, continuaron con sus actividades como corregidores al menos tres años más.

Corría el año de 1813 cuando Félix María Calleja ordenó su nueva aprehensión. Doña Josefa Ortiz de Domínguez fue trasladada al Convento de Santa Teresa en la capital novohispana, en donde sus detractores la declararon culpable de traición. Sin embargo, le perdonaron la vida. En 1816 fue trasladada al Convento de Santa Catalina de Sena para cumplir una sentencia de cuatro años de prisión. Pero la fortaleza de doña Josefa comenzaba a terminarse. Enferma por causa del cautiverio, con dificultades podía caminar.

Lejos de ella, don Miguel Domínguez también sufría. Como si sus dos almas fueran una sola, una enfermedad hacía estragos con él. Movido por ello, y por sus catorce hijos, escribió al virrey Juan Ruiz de Apodaca para pedir la liberación de su mujer. El 17 de junio de 1817, doña Josefa volvía a respirar el aire de la libertad. El país haría lo mismo cuatro años después.

En el México independiente, doña Josefa actuó con la misma fortaleza. Rechazó el imperio de Iturbide y apoyó la República Federal iniciada en octubre de 1824. En aquella ocasión, volvió a recibir a los sublevados de aquel momento —Guadalupe Victoria, Vicente Guerrero, Nicolás Bravo, Ignacio Rayón, entre tantos otros que se oponían al emperador— en su propia casa. Una nueva conjura en la que participaba. Y también la última.

El 2 de marzo de 1829, a los 61 años de edad, doña Josefa Ortiz de Domínguez daría su último suspiro. Pero su imagen, su fortaleza y su decisión quedaron por siempre marcados en la historia de México.

# 14

## JOSÉ MARIANO MICHELENA (1772-1852)

El hecho de formar parte del Regimiento de Infantería de la Corona no le quitaba la conciencia sobre la realidad en la que vivía. Formaba parte de una generación inquieta y juiciosa. El poder de los españoles por encima de los derechos de los criollos y mestizos comenzaba a calar hondo. Fue por ello que el nacido en Valladolid —hoy Morelia— no dudó en auspiciar una conspiración en su propia casa.

La conspiración de Valladolid no fue la única en el país; sin embargo, sí fue el punto de encuentro de varias personalidades que habrían de unir sus caminos en la guerra insurgente. Dentro de las paredes de la casa de José Mariano Michelena se encontraron personas como Ignacio Allende o los hermanos Juan e Ignacio Aldama. Aquel año de 1809, la conspiración había surgido.

Pero la traición se hizo presente y la junta fue descubierta. Varios de los integrantes fueron aprehendidos, incluido José Mariano Michelena. Se defendió de sus acusadores, asegurando que su intención era restituir la Nueva España a Fernando VII. Fue entonces liberado, pero pronto se supo de su participación en el movimiento presidido por el cura Hidalgo. A pesar de que era uno de sus más fervientes deseos, Michelena no pudo luchar en la insurgencia.

Aprehendido, fue trasladado a San Juan de Ulúa y en 1813 a España por considerarlo peligroso para la pacificación de la Nueva España. Allá fue obligado a luchar contra los franceses. Varios años tuvieron que pasar para recuperar su libertad. El México al que regresó en 1822 era ya independiente.

Su historial le permitió formar parte del Congreso Constituyente. Luchó además contra el imperio iturbidista y fundó del rito yorkino junto con Vicente Guerrero. El conspirador no podía negar su bandera liberal.

En 1823 fue miembro suplente del triunvirato que ocupó la presidencia. En el régimen de Nicolás Bravo, fue nombrado ministro plenipotenciario ante la Gran Bretaña. A su regreso, Michelena trajo consigo café —desconocido en México— de un viaje que realizó a Arabia y logró producirlo en su hacienda de Michoacán.

Se desempeñó como secretario de Guerra y Marina durante el régimen de Anastasio Bustamante (1837), pero su mayor orgullo fue participar como representante de

México en el Congreso de América, convocado por Simón Bolívar. Su participación, además, resultó de gran trascendencia pues logró que fuera Tacubaya la sede para la segunda reunión, aunque ésta no habría de efectuarse.

Michelena fue precursor del movimiento insurgente, aunque poco pudo hacer para luchar por ella debido a su aprehensión. Sin embargo, siempre quedará en su recuerdo la entrega con la que conspiró e impulsó la rebelión que hizo a México independiente.

# 15

## IGNACIO RAYÓN (1773-1832)

Eran 500 hombres los que defendían el Fuerte del Cóporo en Michoacán. Estaban mal armados y la mayoría de ellos sufría las perversas consecuencias de la viruela. Llevaban varios meses ahí, repeliendo una y otra vez los embates del ejército realista. Corría el año de 1816 y la supervivencia de la insurgencia dependía en gran medida de la suerte de ese puñado de hombres que tenían que enfrentarse a los batallones bien organizados de Agustín de Iturbide y otros destacados jefes españoles. Ignacio Rayón, el intelectual de la insurgencia, estaba dispuesto a entregar su vida en la defensa de aquel paraje al oeste del país.

Desde el principio de la rebelión, Rayón, quien había estudiado Leyes en el Colegio de San Ildefonso, decidió integrarse al movimiento al lado de don Miguel Hidalgo. Sus conocimientos y su visión administrativa y política le brindaron la oportunidad de convertirse en el secretario particular del cura. Fue, incluso, el primero en proponer la conformación de una junta directiva del movimiento tras la victoria en el Monte de las Cruces. A su manera de ver, no podría haber rebelión sin establecer los fundamentos administrativos y políticos de la lucha.

En la derrota de la batalla de Puente de Calderón, arriesgando su propia vida, logró salvar los 300 mil pesos con los que contaba el ejército insurgente. Tiempo después, ya en Guadalajara, fundó el órgano de comunicación del movimiento: *El Despertador Americano*. Por si eso fuera poco, apoyó y firmó el decreto que abolía la esclavitud. Además, propuso iniciar relaciones diplomáticas con Estados Unidos.

Hidalgo llegó a confiar tanto en él que convenció a los demás cabecillas de que, en caso de que algo les sucediera, la responsabilidad de continuar la insurgencia caería sobre Rayón. Con esa misión en mente se enteró de la aprehensión y fusilamiento de Hidalgo, Allende y Aldama, cuando ya se le había dado en Saltillo la comandancia de las tropas. Con premura regresó a Zitácuaro, donde repelió varios ataques realistas. Ahí formó y presidió la Junta Suprema Gubernativa, y proclamó leyes para organizar el movimiento. Sin embargo, él mismo la disolvió debido a dificultades con sus vocales.

Fue invitado al Congreso de Chilpancingo, convocado por José María Morelos y Pavón, a donde acudió como representante de Guadalajara. Ahí, sus altos conocimientos lo llevaron a elaborar los puntos básicos de la Constitución de Apatzingán, tras lo cual regresó a Zitácuaro. Esta vez, el enemigo habría de liberar toda su fuerza contra el abogado, por lo que éste tuvo que retirarse hacia el Fuerte de Cóporo.

Durante siete meses, sus 500 hombres lograron desesperar a las fuerzas realistas. De julio de 1816 a enero de 1817, los españoles fueron incapaces de arrebatarle la victoria, hasta que intentaron sitiarlo y ése fue el fin de su aguerrida rebelión. Rayón tuvo que capitular con la única petición de que dejaran libres a sus hombres.

Para ese entonces, los insurgentes habían aprovechado el tiempo ganado y se organizaban en la Junta de Jaujilla. Rayón intentó ser reconocido como jefe supremo de la insurgencia pero no lo logró. Entonces empezaron los enconos. El propio Nicolás Bravo lo detuvo y, al parecer, lo entregó a los españoles. Durante tres años, de 1817 a 1820, pasó sus días en prisión, esperando ser ejecutado. Pero su suerte lo devolvió a la libertad, cuando la guerra por la independencia estaba prácticamente consumada.

En 1821 se adhirió al Plan de Iguala. En el México independiente fue tesorero en San Luis Potosí, diputado del Congreso Constituyente, comandante militar de Jalisco y magistrado del Supremo Tribunal de Guerra. Sin embargo, siempre será recordado como el intelectual de la insurgencia. Aquél que, reducido en armas, hombres y salud, mantuvo en vida al movimiento durante los siete meses que estuvo en el Fuerte del Cóporo. Y esa imagen sería la que perduraría después de su muerte, acaecida el 2 de febrero de 1832.

Nadie habría de dudar que su participación durante los momentos más complicados de la rebelión dieron rumbo a un movimiento que parecía perdido en medio de la confusión propia de la guerra. Su participación en el alma de la Constitución de Apatzingán sería suficiente para eternizarlo en las arcas de la historia.

# 16

## MARIANA RODRÍGUEZ DEL TORO
## DE LAZARÍN (1775-1821)

La noche se había apoderado de la Ciudad de México. Era lunes santo, 8 de abril de 1811, y pocas personas se encontraban aún en las calles: eran días de guardar. Sin embargo, algunos aprovechaban para la tertulia. Eran pocos, pues los días no estaban para acarrear sospechas. La guerra insurgente, aunque se encontraba lejos, había provocado la desconfianza del gobierno virreinal. A pesar de ello, la casa de la familia Lazarín se encontraba repleta de personajes de la alta sociedad capitalina, muchos de los cuales apoyaban la gesta independentista. Fue a todos ellos que, alrededor de las ocho y media de la noche, sorprendió el repicar de las campanas de la Catedral y la salva de artillería. Poco a poco, el rumor se fue extendiendo por toda la ciudad: los cabecillas de la insurgencia, Hidalgo, Allende, Abasolo, entre otros, habían sido apresados por el ejército realista.

Aquella noche, Mariana Rodríguez del Toro, esposa de don Manuel Lazarín, un acaudalado minero, era la anfitriona. Ambos, en la discreción de su hogar, conversaban sobre las injusticias derivadas por el control español. Desde que supieron sobre el cura Miguel Hidalgo y su grito en el curato de Dolores, simpatizaron con sus causas. Por ello, aquella noche, ambos fueron los primeros en sorprenderse e indignarse.

Después de la noticia, en la tertulia se hizo un largo silencio. Fue la voz de Mariana Rodríguez la que se escuchó entonces: "¿Qué es esto, señores? ¿Qué? ¿Ya no hay hombres en América?" Los invitados no podían hacer otra cosa que mirarse los unos a los otros. Alguno se atrevió a decir que no podían hacer nada, a lo que enfurecida contestó: "¡Liberar a los prisioneros!" Ninguno supuso cómo es que pretendía que eso sucediera. Para la mujer de Lazarín era simple: "De la manera más sencilla: apoderarse del virrey en el paseo, y ahorcarlo". En aquel momento dio inicio una de las conspiraciones más importantes de la guerra insurgente, que es ahora conocida como la conspiración de abril de 1811.

Los conspiradores comenzaron a trazar los planes. Sin embargo, uno de los que habían estado presentes, al poco tiempo fue ante las autoridades virreinales a contar todo sobre los participantes. Más pronto que tarde, los sublevados capitalinos habían sido arrestados. Entre ellos, Mariana Rodríguez del Toro y su marido.

La pareja estuvo prisionera hasta 1820. Los años en prisión habían gastado la salud de doña Mariana, quien murió un año más tarde, meses antes de la consumación de la independencia. La conspiración nunca dio frutos, pero Mariana Rodríguez del Toro de Lazarín ha pasado a la historia por su valentía y su disposición a dar su libertad a cambio de la justa insurgente.

# 17

## PEDRO MORENO (1775-1817)

Creía en cada uno de los valores que impulsaron a la insurgencia. Pero sólo veía a la distancia sus acontecimientos. Su obligación, por la muerte de su padre, era estar con su familia y procurarles el sustento. Cuando podía, ayudaba a los insurgentes, pero nada más. Luchaba mejor por concentrarse en los negocios comerciales y las tierras familiares. A pesar de ello, no pudo escapar de las sospechas. Sus pequeñas contribuciones lo convirtieron en un enemigo de los realistas. Sin saberlo, ellos mismos orillaron a que Pedro Moreno iniciara su justa insurgente.

Bajo la amenaza de ser enviado a prisión, Moreno refugió a su familia en su hacienda La Sauceda, en Jalisco. Pero el nacido en Lagos había ya tomado la decisión de convertirse en un férreo activista. Su holgada posición económica dejó de ser razón para la inacción. La libertad, lo sabía Moreno, tenía un precio.

Desde su trinchera personal, apoyado por trabajadores de sus tierras, familiares y vecinos, enfrentó a varios batallones realistas con éxito. Su estrategia era guerrillera. Escondidos entre las sombras de la sierra de Guanajuato, sorprendían con ataques rápidos y letales a los realistas. Después desaparecían y su paradero era desconocido.

Pero el precio que tuvo que pagar Moreno fue severo. En una de las batallas en las que enfrentó a los españoles, su hijo de 15 años habría de perder la vida. Por si eso fuera poco, una de sus hijas fue capturada por los realistas. La afrenta se había vuelto personal. Durante tres años, de 1814 a 1817, mantuvo el jalisciense su estrategia militar con éxito. Además, durante ese tiempo apoyó la construcción del Fuerte del Sombrero, el cual habría de convertirse en su centro de operaciones.

Su unión con el español Xavier Mina en 1817 fue natural. Desde el Fuerte del Sombrero, pusieron en jaque en diversas ocasiones al ejército realista. Fueron las fuerzas españolas de Pascual Liñán las que recibieron el apoyo y la orden de acabar con ellos. Durante dos meses, Liñán sitió el fuerte sin conseguir la plaza. Sin embargo, los hombres de Mina y Moreno padecían la falta de víveres y medicamentos. No tuvieron más opción que escapar, lo que consiguieron el 15 de agosto de 1817, no sin enfrentar una férrea batalla que provocó la dispersión de la tropa.

Juntos, Mina y Moreno decidieron dirigirse hacia la Hacienda del Venadito. En el camino, un 27 de octubre de 1817, tropas realistas los interceptaron. La refriega fue intensa. Aquel día, una bala le arrebató la vida a Moreno, mientras Mina fue tomado prisionero. El jalisciense, que dejó todo por la libertad, sería recordado para siempre por su integridad y su lucha por la justicia.

# 18

## MIGUEL RAMOS ARIZPE (1775-1843)

Frente a la Corte de Cádiz, su estirpe liberal no podía esconderse. Con orgullo y decisión proclamó, en el corazón mismo de España, su apoyo a favor de la independencia de México. Ya desde su arribo a Madrid había mostrado su visión liberal. Había llegado en 1810 como representante de Coahuila y hasta 1814 la tribuna fue testigo de su elocuencia, muchas veces polémica. Miguel Ramos Arizpe nunca negó su estampa federalista. Era lo suficientemente instruido como para ser ignorado. Fue por ello que, cuando alzó la voz para respaldar la insurgencia, los españoles callaron.

Al igual que en México, envuelto en la guerra por la independencia, la situación en España también era complicada. La invasión de Napoleón Bonaparte y la imposición en el trono de "Pepe Botella" habían encendido un liberalismo enfurecido. En este ambiente, el coahuilense Ramos Arizpe, se sentía en su mejor ambiente. Sin embargo, los conservadores ibéricos esperaban el momento en que regresarían con toda su fortaleza al poder. Los liberales habrían de pagar su desfachatez.

La promesa fue cumplida en 1814 con el regreso de Fernando VII al trono. Una de sus primeras acciones fue disolver las Cortes y Ramos Arizpe fue encarcelado. En Valencia, el coahuilense fue confinado y dejado al olvido. Sin embargo, no perdió un solo día la fortaleza de sus ideas, aunque tuvieron que pasar muchos años antes de que volviera a saborear la libertad.

Para 1820, un viento liberal sopló de nueva cuenta en España y Ramos Arizpe fue liberado. Por conveniencia y respeto, fue otra vez electo representante en las Cortes de Cádiz, en donde continuó exponiendo sus ideas libertarias hasta 1822, año en que regresó, después de muchos años y pesares, a su tierra.

México había cambiado. Era independiente y libre, pero aún luchaba por comprender el camino que debía recorrer. La experiencia de Ramos Arizpe, por ende, fue fundamental en el proceso. Discutió con aquéllos que pretendían la expulsión de los españoles. Sabía que uno de los peores errores de un pueblo es negar su propia historia. De inmediato, se entregó a la comisión que habría de formar la primera Constitución del país. Muchas de las bases de esta

Carta Magna tienen el sello federalista del propio Ramos Arizpe. La libertad de los municipios se convirtió en una de sus más grandes banderas.

El Padre del Federalismo, como después sería recordado, formó parte del gabinete del presidente Guadalupe Victoria como ministro de Justicia de 1824 a 1829, mismo puesto ocuparía con Manuel Gómez Pedraza (1832-1833). Fue elegido diputado por Puebla en 1842, pero un año más tarde, afectado por la gangrena seca, murió en la capital poblana.

# 19

## VÍCTOR ROSALES (1776-1817)

Cuando los caudillos de la insurgencia pasaron por Zacatecas rumbo al norte, las victorias parecían haber terminado. Muy de cerca se sentían los fracasos de Aculco y Puente de Calderón. El ejército insurgente necesitaba recobrar fuerza. Los ánimos de finales de 1810 parecían perdidos. Por tanto, la idea de Hidalgo, Allende y demás cabecillas era retirarse a Estados Unidos para reorganizarse y emprender un nuevo camino hacia la victoria. Fue en ese recorrido que el zacatecano Víctor Rosales decidió unirse al movimiento.

Lo hizo al lado de Ignacio Rayón, quien, a la muerte de Hidalgo y Allende, tomó el mando del ejército insurgente. El 17 de abril de 1811, ambos tomaron Zacatecas y aprovecharon los encantos de esa tierra para reorganizarse. Fundieron cañones, sumaron a las filas del ejército nuevos elementos y se hicieron de cierta cantidad de dinero para las futuras expediciones. Sin embargo, Félix María Calleja comenzó a acercárseles. Estaba el español en San Luis Potosí, tan sólo a unas cuantas leguas de Zacatecas, cuando Rayón decidió marchar hacia Michoacán. El mando de Zacatecas quedó entonces en uno de sus hijos más destacados: Víctor Rosales. Desde entonces, Rayón y Rosales se convirtieron en una fuerza a la cual pocos se atrevían a enfrentar.

Rosales cuidó la retaguardia cuando Rayón se dirigió hacia el sur. Ambos lucharon y vencieron a los realistas en Uruapan. En Valladolid, sin embargo, la historia fue distinta y tras la derrota en Puruarán en 1813, Rosales volvió para intentar retomar su ciudad natal, Zacatecas, que ya se encontraba en manos de los realistas. Sin embargo, sólo pudo recuperar la Plaza de San Agustín por unas cuantas horas, pues tras un ataque realista se vio obligado a huir.

La tragedia se hizo presente en la vida de Rosales. En la retirada, su hijo de 12 años, José Timoteo, fue capturado por los españoles. Para vengarse del zacatecano el pequeño fue fusilado y su cuerpo exhibido para demostrar a los insurgentes que no habría piedad ante ellos; pero Rosales, a pesar del dolor, no claudicó en la lucha.

Continuó peleando en distintas batallas del centro del país con gran gallardía, hasta llegar a convertirse en comandante general de las provincias de Zacatecas y Michoacán. Como en cualquier guerra, enfrentó la gloria de la victoria y la frustración de las derrotas. Sin embargo, no dejó de pelear a favor de la libertad hasta 1817, año en que, durante una batalla en el rancho de la Campana, en Ario, Michoacán, fue derrotado y muerto por las huestes de los realistas Miguel Muñoz y Miguel Barragán.

Su nombre, como luchador constante por la independencia, ha quedado grabado en oro dentro de las páginas más ilustres de la historia de México.

# 20

## MARÍA IGNACIA RODRÍGUEZ
## DE VELASCO (1778-1851)

Cuentan que a su paso la tierra temblaba. Su belleza ocasionaba suspiros y perdiciones. Su temple y personalidad eran la envidia de las mujeres y el deseo ardiente de los hombres. Por supuesto que no faltaba quien se ofendiera con su libertad e independencia. Era, en definitiva, una mujer adelantada a sus tiempos, todo aquello que servía como definición para los independentistas. Para bien y para mal.

La Güera Rodríguez había nacido en el seno de una familia de escasos recursos; pero ello no le creó ningún inconveniente para superar las barreras de la pobreza. Su presencia, inteligencia y temperamento la hicieron sobresalir en cada círculo al que se introducía. Intentó por todo medio acercarse a los libros y a los personajes cultos con los que el camino la cruzaba. Fue así como conoció a Alejandro de Humboldt, con quien anduvo por el país a lo largo de los dos años y medio que duró su estadía en México. De esa relación, al parecer sólo amistosa, la Güera conoció la naturaleza y aprendió a amar a su país. Era cuestión de tiempo para que ese naciente patriotismo se convirtiera en un apoyo total hacia la independencia de México.

Durante la emancipación insurgente, la Güera apoyó en todo lo que podía. A veces como mensajera, otras como patrocinadora. Escritores y militares aplaudían su resolución y agradecían sus aportaciones pecuniarias. Al fin de cuentas, Rodríguez, a quien era natural ver ataviada con las mejores joyas y vestidos de la época, se había desposado con un hombre de recursos. De hecho, tres veces contrajo matrimonio y dos quedó viuda.

Podía contar que conocía a Simón Bolívar, quien, en su visita a México, apenas se le había despegado. De ahí, incluso, su pasión por la libertad y la justicia. Sin embargo, su mayor prodigio no fueron estas experiencias sino su participación en la consumación de la independencia de México.

Desde que la conoció, Agustín de Iturbide quedó prendado a ella. Era la "Casa de los Perros", en Apaseo, Guanajuato, el lugar de encuentro de los enamorados. No era extraño ver a Iturbide alejarse de los campos de batalla para visitar a la Güera Rodríguez, quien con su seducción, comenzó a convencer al héroe sobre las bondades de la independencia mexicana. Mucho se dice que, gracias a ella, se dio la Conspiración de la Profesa, que puso a Iturbide al mando de las tropas del ejército del sur y que apuró la decisión de proclamar el Plan de Iguala y de buscar senderos en común con insurgentes de la talla de Vicente Guerrero.

Consumada la independencia, la Güera fue el poder detrás del poder. Influía en las decisiones del emperador y buscó recomponer los caminos perdidos. Pocas mujeres, hasta esa época, con tanto poder como el que tuvo la que probablemente fuera la mujer más bella de todo el siglo XIX.

# 21

## ANTONIA NAVA (¿1780?-¿1822?)

El sitio había durado demasiado. Tanto realistas como insurgentes se encontraban agotados y con los ánimos caídos. Sin embargo, los que sufrían eran los pobladores de Jaleaca y los soldados liderados por Nicolás Catalán, lugarteniente de Nicolás Bravo. Hacía tiempo que las provisiones se habían terminado. Las lagartijas y demás animales estaban prácticamente extintos. Era cuestión de horas para anunciarle a los realistas la rendición.

El recuerdo del sitio de Cuautla de 1812 motivaba a Catalán, quien había servido bajo las órdenes de Morelos. Sin embargo, en aquel febrero de 1817 tenía pocas esperanzas de salir bien librado. Aunque la alternativa de romper el sitio estaba prácticamente desechada, el orgullo insurgente le impedía capitular. Entonces tomó una de las decisiones más complicadas y polémicas de su vida: mandar matar a varios soldados para que los demás pudieran comer de ellos. La orden recorrió el campo inundado por soldados que apenas y podían ponerse en pie tras tantos días de ayuno. Fue en ese momento en que Antonia Nava, esposa de Catalán, junto con otras soldaderas se le acercaron. "Señor —dijo a su marido—, venimos ante usted porque hemos hallado la manera de ser útiles a nuestra patria... ¡No podemos pelear, pero sí podemos servir de alimento! He aquí nuestros cuerpos que pueden repartirse como ración a los soldados". Quienes atestiguaron aquello, quedaron estupefactos con la resolución de la mujer.

Poco se sabe de Antonia Nava. Muy seguramente habrá nacido en la costa sur del país, en lo que hoy es Guerrero. Se casó con Catalán desde muy joven y, al incorporarse éste a la guerra insurgente, no se separó de él. Ayudaba en lo que podía al movimiento, pero jamás como su ofrecimiento de aquel febrero. Tal fue la impresión de su marido y de los demás soldados, que la orden se detuvo. De alguna manera, el valor de Nava les había dado aliento para seguir la lucha.

A los pocos días, lograron romper el sitio, aunque sufriendo varias bajas. Una de ellas fue el propio Catalán. Nava, a quien ya conocían como "La Generala", no pudo detener el llanto por varios días. Cuando se presentó frente a uno de los jefes insurgentes éste trató de consolarla, pero ella le contestó: "No vengo a llorar, no vengo a lamentar la muerte de un hombre, sé que cumplió con su deber; vengo a traer cuatro hijos; tres pueden servir como soldados y el otro, que está pequeño, será tambor y reemplazará al muerto".

Pocos saben lo que, después de aquel episodio, sucedió con La Generala. Probablemente murió en combate un año después de culminada la independencia. Sin embargo, su valor y coraje, poniendo a la patria por encima de su propia vida y la de sus hijos, será recordada por siempre.

# 22

## IGNACIO ALDAMA (1780-1811)

No había persona mejor preparada que él para representar a la insurgencia frente a un gobierno extranjero. Mientras los cabecillas se encontraban en Saltillo, Coahuila, en marcha rumbo a Estados Unidos donde el movimiento se reorganizaría, le fue confiada la misión fundamental de presentarse ante el gobierno estadounidense para solicitar su apoyo y conseguir, de ser posible, armamento. En caso de que su encomienda fuera cumplida, la insurgencia tendría un impulso que pondría en jaque, de una vez y para siempre, al sistema virreinal.

Ignacio Aldama era hermano menor de Juan y su estirpe liberal era incuestionable. En lugar de hacer carrera en las armas, como lo haría su hermano, viajó a la Ciudad de México y estudió Leyes. A los pocos años, el abogado volvió al lugar que le vio nacer. No sólo traía consigo el poder de su profesión, sino también la semilla de inconformidad frente al virreinato.

Fue por ello que no dudó en invitar a su hermano y asistir a las reuniones clandestinas que se celebraban en Valladolid. Cuando éstas fueron descubiertas, vieron en Querétaro otro espacio para denostar la falta de justicia, equidad y libertad. El llamado a la rebelión les había tocado a la puerta.

En San Miguel, Ignacio no ejerció su profesión, sino que se dedicó a la agricultura y al comercio. Se dio a conocer entre los pobladores, quienes siempre le demostraron mucho respeto. No fue, por tanto, extraño que lo nombraran alcalde, posición que ocupaba en 1810.

Le sorprendió, como a muchos, el Grito de Dolores pues los planes indicaban que el levantamiento no sería sino hasta octubre. De inmediato, aprovechando su posición, lanzó proclamas de adhesión al movimiento y ordenó se repartieran víveres a los insurgentes. Poco tiempo después, él mismo se encontraría luchando en los campos de batalla contra el virreinato.

Su carrera como militar no fue tan prestigiosa como la de su hermano. Y sin embargo, participó con valentía en cada enfrentamiento. Durante el paso del ejército por Guadalajara, apoyó la publicación del periódico *El Despertador Americano*, hasta que se planeó la retirada rumbo al norte. Así que Aldama no era ningún improvisado para recibir la embajada.

Acompañó a las cabecillas hasta Acatita de Baján y luego siguió su marcha. Quizás en el camino se enteró de la captura de éstos, aunque siguió su curso. Días más tarde fue aprehendido en Béjar —hoy San Antonio, Texas— y trasladado a Monclova, donde se le enjuició. Algunos tenían dudas sobre su participación con la insurgencia, pero las declaraciones de Mariano Abasolo en su contra constataron su intervención. Fue fusilado en Monclova el 21 de junio de 1811.

## 23

### JOSÉ MARIANO JIMÉNEZ (1781-1811)

Iba ante el virrey Francisco Javier Venegas para cumplir una misión que le había encomendado el propio Miguel Hidalgo. La insurgencia había explotado apenas unos días atrás y las victorias habían sorprendido a los españoles. Tan sólo habían pasado unos días desde la toma de Guanajuato y la victoria del Monte de las Cruces. El ejército insurgente se encontraba, amenazante, a unas cuantas leguas de la capital novohispana. El objetivo del encuentro era pedir al virrey que entregara la capital a la insurgencia. Nada más y nada menos.

No era una casualidad que el cura Hidalgo hubiera encomendado tal misión a Jiménez. A tan sólo unos días del Grito de Dolores, después de la toma de la Alhóndiga de Granaditas, Jiménez se había presentado ante el propio Hidalgo para ofrecer sus servicios. Las cartas del potosino hablaban por sí solas: se había graduado en el Colegio de Ingeniería de la Ciudad de México como ingeniero de minas en 1804. Desde entonces, ejercía con eficiencia su profesión en Guanajuato. Sin lugar a dudas, en un ejército sin experiencia ni disciplina militar, un elemento como Jiménez era indispensable.

La decisión de Hidalgo de tomarlo a su lado fue correcta y el tiempo le daría la razón. Lo nombró de inmediato coronel y lo mandó a luchar con él en Valladolid y Acámbaro, en donde gracias a su papel recibió el ascenso a teniente general. Nuevas encomiendas recibiría entonces Jiménez. La más importante de ellas fue el encabezar la vanguardia del ejército con rumbo a la capital. En el camino, enfrentó con éxito toda resistencia del ejército realista. Se posicionó entonces en el Monte de las Cruces, en donde influyó decisivamente en la victoria insurgente. Por todo ello, aunado a su ejemplar instrucción académica, Jiménez se convirtió en el candidato ideal para conferenciar con el virrey Venegas.

Cual era de esperarse, el virrey no sólo se negó a entregar la plaza, sino que cerca estuvo de fusilar al mensajero. Sin embargo, Jiménez pudo escapar y regresar al seno insurgente. Hidalgo, en premio a su valentía, le otorgó el grado de comandante y le encomendó dirigirse hacia las Provincias Internas de Oriente (hoy Coahuila, Nuevo León y Tamaulipas). Jiménez, por tanto, se enfiló rumbo a Saltillo.

En el camino, se enfrentó a varios batallones realistas, venciendo a cada uno de ellos.

En Saltillo se reunió con Hidalgo y los demás jefes de la insurrección. Juntos debían marchar hacia Estados Unidos para reorganizar el movimiento. Pero la traición de Ignacio Elizondo acabó con las aspiraciones de la primera etapa independentista. Como los demás, Jiménez fue aprehendido y conducido a Chihuahua y fusilado el 26 de junio de 1811 junto con Allende y Aldama.

# 24

## JUAN JOSÉ DE LOS REYES GARCÍA,
## "PÍPILA" (1782-1863)

Cuando los españoles en Guanajuato supieron que había estallado un movimiento rebelde encabezado por Miguel Hidalgo y Costilla en Dolores, de inmediato ordenaron el traslado de personas, bienes, e incluso las arcas del gobierno hacia la Alhóndiga de Granaditas. Ésta era la única posición en donde podrían enfrentar con cierta ventaja a los inconformes. La preparación de la defensa fue realizada con escrúpulo. De acuerdo con la opinión popular, no habría forma de que la alhóndiga cayera en manos enemigas.

La entrada del ejército comandado por Hidalgo a Guanajuato fue, en efecto, complicada. La resistencia ofrecida en la alhóndiga, que generalmente era usada para almacenar granos para épocas de escasez y que estaba convertida en una infranqueable fortaleza, comenzaba a surtir efecto. Las balas, que como lluvia caían desde lo alto de la edificación, mermaban considerablemente las tropas rebeldes.

Parecía no haber forma de que el ejército insurgente saliera con la victoria.

Fue entonces cuando apareció un hombre al cual pocos conocían. Ya los cabecillas del enfrentamiento habían llegado a la conclusión de que la única forma de lograr la captura del inmueble era quemando la puerta principal. Juan José de los Reyes García, a quien llamaban "El Pípila", de inmediato se propuso para ser quien lo intentara. De inmediato se amarró una losa de piedra a la espalda, tomó una antorcha, la encendió y se dirigió hacia la puerta de la alhóndiga. Las balas le rodearon y le hacían más pesada la carga; sin embargo, logró llegar hasta su objetivo y prendió fuego a la puerta. A los pocos minutos, la puerta se venció y los insurgentes lograron internarse a la alhóndiga. La victoria fue definitiva.

Los orígenes y destinos del héroe de la Alhóndiga de Granaditas han sido fuente de varias historias. Se sabe, sin embargo, que era minero antes de unirse a la rebelión; que después participó en otras batallas hasta que regresó a la minería, oficio que lo llevó a la muerte tiempo después, en 1863, debido a los gases y polvo provenientes de las mismas.

Su historia se ha convertido en leyenda. Varios revisionistas dudan de su veracidad. Existen debates sobre si nació en San Miguel el Grande o en Valenciana, Guanajuato. Incluso, ha surgido la posibilidad de que, por tamaña empresa, hayan sido varios los que incendiaron la puerta. O de que su verdadero móvil era apoderarse del dinero oculto en el inmueble. Lo cierto es que esa acción conllevó a la masacre de los españoles ocultos en la alhóndiga, y también a la supervivencia y fortaleza del movimiento que culminaría con la independencia del país. "El Pípila", sin duda, se ha convertido en uno de los héroes populares más importantes de la historia mexicana.

# 25

## MARIANO ABASOLO (1783-1816)

Cuando la Conspiración de Valladolid fue descubierta en 1809, los realistas aprehendieron a todos sus participantes, sin distinción de clase. A los españoles no les quedaba duda que el castigo serviría de ejemplo para el que pensara contraponerse a los mandatos del gobierno novohispano. Sin embargo, por una u otra razón, no todos los participantes de la junta cayeron presos. Nadie sabía que ese descuido habría de permitir la insurrección que después estallaría.

Mariano Abasolo, nacido en Dolores, provenía de una acaudalada familia. Desde temprana edad se enlistó con el ejército realista, perteneciendo al Regimiento de Dragones de la Reina, en donde conoció a Ignacio Allende y a Juan Aldama. Entre los tres surgió una estrecha amistad gracias a la coincidencia de ideas; las mismas que los llevaron a participar en una reunión secreta efectuada en Valladolid. Los que a ella acudieron estaban de acuerdo en una cosa: había llegado el momento de los criollos. Cuando ésta fue descubierta por el gobierno español, ninguno de los tres fue hecho prisionero. El tiempo les dio la oportunidad de una nueva y definitiva conspiración.

A instancias de Allende, los tres participaron activamente en la Conspiración de Querétaro. La misma que originó el movimiento insurgente. Cuando Miguel Hidalgo dio el Grito de Dolores, Abasolo fue encomendado a atacar un arsenal cercano para hacerse de armas, mismas que después serían repartidas entre los insurrectos. Abasolo, comprometido con la causa, también apoyó con recursos pecuniarios.

Mariano Abasolo no era docto en las armas; sin embargo, sin su presencia, la insurgencia no hubiera contado con los recursos suficientes para llevar a efecto su causa. No participó activamente en las grandes batallas, mas fue parte de ellas.

Junto con los cabecillas, tras la derrota de Puente de Calderón, recorrió el país rumbo a Estados Unidos. En Saltillo le fue encomendada la dirección de las fuerzas que permanecerían ahí. Sin embargo, rechazó la designación. La lealtad de Abasolo con la insurgencia comenzaba a romperse. Fue apresado en Acatita de Baján junto con sus compañeros de armas y llevado a Chihuahua para ser juzgado. Por presiones de su esposa, culpó a Hidalgo y a Allende de la revuelta. Incluso, ocasionó con sus declaraciones el fusilamiento del insurgente José María Chico. Por ello, no fue fusilado sino exiliado al castillo de Santa Catalina en Cádiz, España. Pagó caro su traición, pues no salió de su prisión con vida. Murió en su celda española el 14 de abril de 1816.

A pesar de su última traición, su compromiso inicial lo convirtió en héroe patrio. Pesa, sin embargo, en su recuerdo, esa triste mancha en su historia personal.

# 26

## VICENTE GUERRERO (1783-1831)

Era uno de los pocos que seguían manteniendo vivo el movimiento. Sobre sus hombros pesaba casi en su totalidad el futuro de la insurgencia. Como buen rebelde, convencido de la justa en la que se encontraba, no cejaría hasta las últimas consecuencias. Así había sido educado por los campos de batalla.

Vicente Ramón Guerrero Saldaña había nacido en una humilde familia del sur del país. Tixtla, su ciudad natal, lo vería crecer como lo que era: un aguerrido mestizo con fuertes facciones negras, alto y fornido, con nariz aguileña y ojos atentos. No había recibido ninguna instrucción más que la de la tierra, pues desde pequeño se había dedicado a la agricultura y la arriería. Eso le fue suficiente para saber acerca de los ideales de justicia y libertad. Y fue por ello que, en 1811, cuando las huestes de Morelos pasaron por su pueblo, tomó sus cosas, empuñó su arma y, a pesar de su propia familia, se fue a la guerra contra los españoles.

A partir de ese momento comenzó una de las carreras militares más exitosas del bando insurgente. Después de luchar bajo las órdenes de Hermenegildo Galeana como un simple soldado, Guerrero comenzó a figurar y a ser notado. En la batalla de Izúcar, del 23 de febrero de 1812, logró vencer al brigadier Llano, lo que le valió su ascenso a capitán. Ya bajo el mando de Morelos combatió en el sur de Puebla con éxito hasta la derrota de Puruarán. Fue entonces enviado a luchar en el sur de lo que hoy es el estado de Guerrero y Oaxaca, región en donde, además de lograr sus más destacadas victorias, asentaría su centro de operaciones.

Poco a poco, debido al manejo político de la insurgencia, Vicente Guerrero se fue apartando de los demás caudillos insurgentes. Esto se radicalizó aún más tras la muerte de Morelos. Sin embargo, Guerrero había encontrado el apoyo fundamental de cientos de sureños que apoyaban su causa. Su historial se convirtió en uno de los mejores en todo el país. Habiendo derrotado a Llano, poco después cayeron frente a él otros importantes jefes realistas, como José de la Peña, Lamadrid, Armijo y Samaniego. Pocos podían contra la temeridad de Guerrero y sus huestes.

Y es que luchaba como si cada pelea fuera la última batalla. En varias ocasiones, aun teniendo inferioridad numérica y utilizando como armas simples garrotes, lograba vencer a los realistas. Hubo enfrentamientos en que sus huestes peleaban hasta por cuatro días a bayoneta calada. El propio Guerrero, quien también se valía del uso del arma blanca, recibió disparos a quemarropa que nunca lograron arrebatarle la vida.

Para 1818, había pasado siete años en la insurgencia sin desviar sus miras en ningún momento ni dar tregua al ejército realista en el sur del país. Fue entonces que el virrey Juan Ruiz de Apodaca decidió utilizar otro método que había resultado efectivo con muchos otros jefes insurgentes. Utilizando al padre de Guerrero como portavoz, intentó convencerlo de que dejara las armas y aceptara el indulto que le ofrecía el gobierno, junto con cargos y riquezas. "La Patria es primero", fue la respuesta del caudillo.

Continuó su batalla ininterrumpidamente hasta 1821, año en que Agustín de Iturbide le propone unirse al Plan de Iguala. El Abrazo de Acatempan entre ambos selló el trato y el futuro del régimen virreinal. Ambos encabezaron el Ejército Trigarante y entraron a la Ciudad de México el 27 de septiembre de ese año.

La lucha de Guerrero, sin embargo, aún no terminaría. Ya como general de división rechazó y combatió el imperio de Iturbide al lado de Nicolás Bravo. Tiempo después, con Guadalupe Victoria como presidente y compañero de logia —Guerrero era un yorkino declarado—, enfrentaría a Bravo, un reconocido masón escocés.

Para 1828, la presidencia parecía destinada a ser suya. Sin embargo, fue batido por Gómez Pedraza en unas turbias elecciones, razón por la cual se produjo un movimiento subversivo que culminó con la anulación de los resultados electorales y el ascenso de don Vicente a la presidencia. Ocupó el cargo en abril de 1829.

Ocho meses más tarde, Guerrero había enfrentado un intento de invasión española encabezada por Barradas, y su propio vicepresidente, Anastasio Bustamante, había proclamado el Plan de Jalapa, en donde desconocía su gobierno. El Congreso lo declaró imposibilitado para gobernar, y el 16 de diciembre tuvo que salir por la puerta trasera de Palacio Nacional.

Pero nadie lo había enseñado a rendirse. De inmediato, de vuelta en sus conocidos territorios del sur, comenzó una lucha armada contra el orden impuesto de Bustamante. Durante todo 1830, la rebelión no pudo ser sofocada. Fue entonces cuando el gobierno se dio cuenta de que no había forma de vencerlo que no fuera por medio de la traición.

Una tarde de enero de 1831, Guerrero fue invitado por un marino genovés de nombre Francisco Picaluga a comer a bordo del bergantín *Colombo*, invitación que fue, sin reserva alguna, aceptada. Don Vicente subió a la embarcación sin la más mínima sospecha de que José Antonio Facio, ministro del gobierno de Bustamante, ya había acordado el pago de 500 pesos en oro —según se rumora— con Picaluga por su aprehensión. Ya en alta mar, Picaluga lo aprehendió y lo trasladó a Huatulco, en la costa oaxaqueña, en donde fue entregado al capitán Miguel González, quien, a su vez, lo condujo a Oaxaca.

Vicente Guerrero fue objeto de un juicio sumario cuya sentencia se había decidido desde mucho tiempo atrás y desde varios kilómetros de distancia por el gobierno. El Consejo de Guerra ordenó su fusilamiento, que se efectuó en la villa de Cuilapan la mañana del 14 de febrero de 1831.

Además de ser uno de los militares más destacados de la insurgencia y de luchar por mantener vivo el movimiento en los tiempos más complicados, fue, junto con Iturbide, el verdadero artífice de la consumación de la Independencia de México.

## 27

## NICOLÁS BRAVO (1786-1854)

Tuvo que tomar la decisión más complicada de su vida. Corría el año de 1812 y había abrazado la causa insurgente sin temores ni dudas. Había decidido entregar todo en aras de la libertad. Sin embargo, nunca imaginó que en su poder estaría la vida de su propio padre. Leonardo Bravo había sido apresado y el gobierno virreinal le propuso que dejara la insurgencia si quería que su padre siguiera vivo. Nicolás se dirigió a José María Morelos, quien le aconsejó intentara negociar la entrega de 800 prisioneros españoles a cambio de la vida de don Leonardo. Así lo hizo el hijo de Chilpancingo, pero el virrey Francisco Javier Venegas no accedió. Leonardo Bravo murió mediante la pena del garrote el 13 de septiembre de ese mismo año.

La indignación recorrió el campo en donde se encontraba Morelos, quien en un acto de solidaridad dio a Nicolás la orden de fusilar 300 prisioneros. Éste los mandó formar frente a él. A todos les contó lo que había sucedido y las instrucciones que había recibido. Después les preguntó qué era lo que debía hacer. Los cautivos no se atrevían siquiera a abrir la boca. Entonces Nicolás Bravo decidió romper el silencio: "Quedáis en libertad".

Fue el héroe moral de la insurgencia desde que las fuerzas de Galeana se hicieron presentes en la hacienda familiar de Chichihualco, en donde los Bravo se defendían de las sospechas de rebeldía que pesaban en su contra. Desde ese momento, tanto Leonardo como Nicolás se comprometieron con la justa insurgente, convirtiéndose este último en persona de confianza de Morelos.

Con él luchó en diversas batallas durante la campaña del sur, que conformó la segunda etapa de la Guerra de Independencia. Participó en batallas claves como Chiautla y se destacó en momentos complicados como los setenta y dos días del sitio de Cuautla (1812).

Se encontraba en Veracruz cuando se enteró de la aprehensión y eventual muerte de su padre. El golpe emocional fue fuerte, pero Bravo sacó fuerza para continuar con su lucha. Fue comandante en Veracruz y recorrió el estado batiendo las tropas realistas que encontraba a su paso. Sin embargo, el enemigo no cesaba en sus ataques. Bravo decidió fortificarse en San Juan Coscomatepec. El recuerdo de Cuautla regresó a la mente de insurgentes y españoles. El ejército realista, queriendo evitar un fracaso como aquél, embistió contra la fortificación con todas sus fuerzas. Sin embargo, el resultado fue el mismo. Por setenta días, los realistas fueron incapaces de hacer capitular a las huestes comandadas por Bravo. No obstante, la falta de víveres y agua comenzó a hacer mella en la población, tal y como había sucedido unos meses atrás. Entonces comenzó a pleanearse la manera de escapar.

En la noche del 4 de octubre, mientras unos perros atados a campanas hacían el ruido necesario para distraer a los realistas, los insurgentes salieron rumbo a Huatusco, no sin antes asegurarse de que los pobladores que le habían acompañado quedaran a buen resguardo en Ocotlán. Una vez más, los realistas habían sido vencidos.

No se encontró Bravo un enemigo temible hasta que Agustín de Iturbide tomó las riendas del ejército realista. De vuelta en el sur del país, Iturbide lo derrotó en el Fortín del Zapote y en varias otras acciones. Sin embargo, el movimiento se había transformado. El Congreso de Chilpancingo se encontraba en su esplendor, aunque no sin dificultades, pues tuvo que trasladarse a Tehuacán bajo la protección del propio Bravo. Estuvo presente en la batalla en que cayó prisionero Morelos y él mismo salió a salvo por azar.

A partir de entonces, tras el fusilamiento de Morelos, Bravo se retiró a su hacienda, en la cual pasó todo 1816. Un año más tarde, sin embargo, volvería a la acción. Había ya demostrado su desacuerdo con que Ignacio López Rayón encabezara el movimiento. Quizá por ello la Junta de Uruapan decidió encomendarle que apresara a Rayón.

Poco tiempo después, le tocaría sufrir el mismo destino. Tras una batalla en el Fuerte del Cóporo, en Michoacán, fue hecho prisionero el 22 de diciembre de 1817. Durante dos años, Bravo estuvo confinado a la oscuridad de una celda. Tuvo suerte. Gracias a la intervención de realistas e insurgentes, que pedían al virrey su libertad, éste no lo mandó fusilar como era la costumbre con los otros sublevados. Su comportamiento dentro del campo de batalla se veía recompensado incluso por sus enemigos.

No regresó de inmediato a la insurgencia. Tuvo que esperar a que Iturbide promulgara el Plan de Iguala y que éste lo invitara a unírsele para volver a tomar las armas. Y lo hizo con decisión y furia. Consiguió victorias en Tlaxcala, Huamantla, Pachuca, Ecatepec y Puebla. Unos días más tarde, como parte del Ejército Trigarante, hizo su entrada triunfal en la capital del país.

En el México independiente, la trascendencia de Bravo continuó. Después de la caída del imperio de Iturbide, fue parte del triunvirato que tomó las riendas del poder ejecutivo en 1823 junto con Pedro Celestino Negrete y Guadalupe Victoria hasta el 1 de octubre de 1824.

Varios años después, volvería como presidente interino en 1839 (del 10 al 19 de julio), como presidente sustituto entre octubre del 42 y mayo del 43 y una última vez de julio a agosto de 1846. Su carrera política aunque exitosa, estuvo plagada de polémicas por su cercanía con Antonio López de Santa Anna. Sin embargo, todo aquello se olvidó cuando por última vez tomó las armas. Con valentía y coraje encabezó la defensa del Castillo de Chapultepec contra el ejército estadounidense el 13 de septiembre de 1847. A pesar de la derrota sufrida en aquella ocasión, siempre será recordada su brillante dirección y entrega.

Murió el 22 de abril de 1854, alejado de la vida pública, en su hacienda de Chichihualco, donde comenzó su historia como insurgente. A diferencia de muchos de los héroes de la Independencia, Bravo tuvo la fortuna de disfrutar el resultado de su lucha.

# 28

## MANUELA MOLINA (¿?-1822)

El viaje era largo, pero a ella no le importaban las distancias. Conocedora de las noticias acerca del movimiento insurgente en el sur del país, siguió el camino hacia la gloria. Pocas mujeres como ella con la decisión y la perseverancia para enfrentar las armas de un enemigo mucho más poderoso. Los realistas no le daban miedo. Mucho menos cuando se encontraba en camino por conocer a aquél del que había escuchado tanto. Tuvo que recorrer 100 leguas para llegar frente al Siervo de la Nación: José María Morelos y Pavón, quien la recibió de inmediato. Ella sólo atinó a decir que, después de conocerle, ya podía morir gustosa, "aunque la despedazara una bomba de Acapulco".

Según algunos historiadores, la valiente mujer había nacido en Taxco, en lo que es hoy el estado de Guerrero. Poco o nada se sabe de su familia o su juventud. Lo cierto es que era una mujer de rasgos indígenas, de hechos y palabras. Con firmeza creyó en los ideales insurgentes y apoyó su causa hasta la muerte. Su coraje y valor no pasaron inadvertidos para Morelos, quien le permitió luchar a su lado. Aquel 1813, Manuela Molina se volvió tan insurgente como cualquiera otra persona que creyera en la libertad y la justicia.

Tal era su fortaleza y temeridad que sobresalió en varias de las batallas de principios de 1813. La Suprema Junta la nombró capitana y su rango le permitió comenzar a organizar su propia compañía. Poco se sabe sobre su carrera militar, a excepción de que estuvo en al menos siete batallas importantes, entre las que se encuentran la toma de Acapulco, el 13 de abril de 1813, y la capitulación del fuerte de San Diego, el 20 de agosto del mismo año.

Después su rastro se pierde, aunque se piensa que continuó en la lucha. Es un hecho que no se abrigó al indulto que ofreció el virreinato cuando la lucha parecía perdida, ni se unió al movimiento independentista encabezado por Agustín de Iturbide y su Ejército Trigarante. Sin embargo, su historia se había convertido en leyenda. Sus acciones servían como enseñanza y motivación para los que la escuchaban y abanderaban la causa.

Manuela Molina, también conocida como "La Capitana", entregó su vida a la patria. Se cree que murió en 1822 en Texcoco, Estado de México. Pasó los últimos días postrada, al parecer por causa de una herida que nunca logró sanar. Al final de su vida logró ver que la causa por la que peleó, las ideas que compartió con Hidalgo, Morelos y demás jefes rebeldes, se habían consolidado con la consumación de la independencia. La libertad, por la que tanto peleó junto con la compañía que ella misma había organizado, era ya una realidad. Nuevos retos vendrían para la nueva nación, pero La Capitana podía descansar en paz. Su tarea había sido cumplida.

# 29

## GUADALUPE VICTORIA (1786-1843)

Así como la mayor parte de los jóvenes de su época, José Miguel Ramón Adaucto Fernández y Félix se sintió atraído por las ideas revolucionarias de los insurgentes, cuando apenas era un estudiante del Colegio de San Ildefonso, en la capital novhispana. Su inspiración eran las victorias que leía en los periódicos o que escuchaba acerca de Morelos. Poco o nada sabía de armas o de disciplina militar; mucho menos se imaginaba que algún día se convertiría en el primer presidente de México. Sin embargo, en la primera oportunidad que tuvo, cuando aún corría el año de 1811, abandonó los estudios y se fue en busca de la gloria y la libertad.

Su bautismo de fuego fue en la toma de Oaxaca, en la cual su valentía destacó más que su pericia. A pesar de ello, su ascenso fue continuo. Fue nombrado coronel en 1814 y después comandante en Veracruz, donde concentró su carrera militar en los años que duró la guerra por la independencia. En la época del Congreso de Chilpancingo fue nombrado, además, general brigadier.

Durante el año de 1816, un nuevo virrey, Juan Ruiz de Apodaca, llegó a suelo mexicano a través del puerto de Veracruz. Su convoy, el que lo trasladaría hasta la capital novohispana, fue de inmediato atacado por las huestes dirigidas por Victoria. Muy cerca estuvo el duranguense de hacerlo prisionero, lo cual hubiera transformado para siempre el curso de la historia a favor de los insurgentes. A cambio de eso, tuvo que conformarse con seguir custodiando la zona de la Huasteca y el norte del estado.

En alguna otra ocasión estuvo próximo a caer prisionero por los batallones realistas. Su sagacidad y conocimiento del terreno lo salvaron. Además había logrado el cariño y respeto de los pobladores jarochos, por lo que pudo ocultarse por un largo tiempo en una de las haciendas veracruzanas. El destino le tenía preparadas mayores empresas.

Cuando Agustín de Iturbide proclamó el Plan de Iguala, Victoria fue en su búsqueda, junto con Nicolás Bravo. Lo encontró en San Juan del Río, Querétaro, y ahí le expuso la idea de que el gobierno independiente fuera encabezado por un insurgente, en lugar de un extranjero, como lo estipulaba el propio plan. Sin embargo, no obtuvo una respuesta satisfactoria de parte de Iturbide.

Tiempo después, cuando Iturbide era ya emperador, Guadalupe Victoria no dudó en declarar sus tendencias republicanas, por lo que fue apresado. Sin embargo, logró escapar y se refugió en Veracruz, donde en 1823 firmó el Plan de Casa Mata, que exigía el restablecimiento del Congreso Constituyente de 1822, disuelto por el propio Iturbide.

En 1824 Guadalupe Victoria fue electo por el Congreso presidente de la república. Durante su mandato, abolió la esclavitud y decretó la expulsión de los españoles, quizá su acto más polémico. Centralizó la hacienda y estableció relaciones diplomáticas con países como Gran Bretaña, Estados Unidos y la Gran Colombia de Simón Bolívar.

Antes de dejar la presidencia, enfrentó una expedición de españoles al mando de Joaquín Arena, que pretendía retomar el control de su antigua colonia, pero que no tuvo oportunidad alguna.

En 1829 le dejó el cargo a Vicente Guerrero y se retiró casi en su totalidad de la vida pública, de no ser por ocasionales misiones conciliatorias entre los diferentes miembros de las logias masónicas —Victoria y Guerrero fueron reconocidos líderes de la logia yorquina—.

En sus últimos años libró una batalla continua contra la epilepsia, misma que habría de perder el 21 de marzo de 1843 en Perote, Veracruz. Su recuerdo, como el primer presidente de México, y su reconocida lealtad al republicanismo lo ha colocado bajo el confortante techo de la gloria y el heroísmo inolvidables.

## 30

## ANDRÉS QUINTANA ROO (1787-1851)

Cayó perdidamente enamorado desde el primer día en que la vio. En su mente, la insurgencia le motivaba, pero su corazón había quedado completamente tomado por la sobrina de su jefe, el abogado Agustín Pomposo Fernández. Andrés Quintana Roo apenas comenzaba su carrera profesional. Con cierto nerviosismo, el joven nacido en Mérida se acercó a su protector. Bien sabían ambos sus diferencias: don Agustín apoyaba el sistema virreinal y, aunque reconocía las dotes de Quintana Roo y su educación en la Universidad de México, no podía pasar por alto el apoyo que éste profesaba a la insurgencia. Por ello, cuando pidió el permiso para visitar a su sobrina, la aguerrida Leona Vicario, la negativa fue rotunda. Roto el corazón, la mente tomó el control.

Desde años antes había destacado por su habilidad en la escritura. Su padre, don José Matías Quintana, quien llevó la imprenta a Yucatán, había sido arrestado y llevado a San Juan de Ulúa por sus escritos subversivos. Así que desde la trinchera de las letras, Andrés comenzó a apoyar decisivamente a la insurgencia. A las órdenes de Ignacio Rayón, fundó los periódicos *El Semanario Patriótico Americano* y *El Ilustrador Americano,* en cuyas páginas se difundieron sus ideas libertarias.

El destino lo hizo reencontrarse con Leona Vicario, quien también apoyaba la insurgencia. Ambos se casaron a escondidas. El yucateco fue invitado como diputado al Congreso de Chilpancingo en 1814, participó activamente en la Declaración de Independencia de México y escribió el Manifiesto a la Nación. Como los demás participantes a dicha asamblea, inició un camino itinerante y lleno de sacrificios.

El momento más complicado, sin embargo, se dio en una escaramuza del ejército realista. Quintana Roo y Vicario se encontraban escondidos en una cueva de la sierra de Tlatlaya cuando el cerco se fue estrechando. Quintana Roo tuvo que huir, dejando a su amada con una carta solicitando el indulto en caso de que fuera aprehendida, tal como sucedió.

El virrey concedió el indulto al matrimonio, y desde entonces se vieron obligados a alejarse de la insurgencia. El yucateco volvió a ejercer la abogacía y a escribir en la Ciudad de México hasta lograda la independencia.

En el naciente país, fue electo diputado, senador y presidente del Tribunal Supremo de Justicia. Se inclinó por la logia yorquina y participó como secretario de Relaciones Exteriores durante el gobierno de Valentín Gómez Farías.

Sin embargo, su recuerdo queda plasmado en las cientos de hojas que escribió durante y después de terminada la guerra de independencia, en donde denota su pasión por la libertad. Son esas letras las que lo llevaron a la plaza de los héroes más importantes del país.

# 31

## PEDRO SÁINZ DE BARANDA (1787-1845)

Los españoles se negaban a dejar el último reducto que aún quedaba bajo su dominio después de la entrada del Ejército Trigarante a la Ciudad de México. El castillo de San Juan de Ulúa, en el puerto de Veracruz, tomado el 26 de octubre de 1821 por el gobernador José María Dávila, se convirtió entonces en la mayor amenaza para la independencia del país. No sería sencillo para los independentistas derrotar este último eslabón hispano. Además de que los españoles contaban con auxilios provenientes de La Habana, Cuba, la capacidad de la marina mexicana era prácticamente nula, a no ser por el campechano Pedro Sáinz de Baranda, cuya experiencia en el mar era única en el país. De inmediato, se puso en él la mayor esperanza para librar al país del yugo español definitivamente.

Sáinz había recorrido un camino extraño e interesante. Durante su infancia creció al lado de marinos, por lo que decidió, a los once años, embarcarse en un navío mercante rumbo a España. Ahí se convirtió en marino de guerra. Fue miembro del ejército español en las guerras contra Inglaterra y, años más tarde, contra Francia. Incluso, estuvo presente durante la batalla de Trafalgar, en la que resultó herido.

De vuelta a su tierra, en 1815, se le encomendó formar parte del cuerpo de ingenieros que tenían la misión de fortificar Campeche. Sin embargo, su opinión acerca del dominio español en su país comenzaba a cambiar. Como muchos de su generación, el movimiento independentista le hizo cambiar de lealtades.

En el naciente México, el emperador Iturbide le reconoció su experiencia y lo envió a Veracruz para incrementar el bloqueo a los españoles en San Juan de Ulúa. Sáinz de Baranda aceptó su nueva misión y la tomó con toda la seriedad debida.

A pesar de las turbulencias políticas en el centro del país, Sáinz de Baranda se concentró en el bloqueo y en profesionalizar la marina mexicana. Su desempeño fue recompensado con varios nombramientos, como el de comandante de Marina en Yucatán en 1824, y comandante general del Departamento de Marina de Veracruz en 1825.

La victoria ante los españoles en San Juan de Ulúa dependía únicamente de él. Fue justo en 1825 cuando llegó su oportunidad de llenarse de gloria. Una flota española se hizo presente en costas mexicanas para brindar auxilio al castillo. Sin embargo, la sagacidad, experiencia e inteligencia de Baranda le impidieron llegar a su destino. Sin las provisiones materiales y humanas, los españoles se vieron obligados a rendirse el 23 de noviembre de 1825. Ese día, el país entero fue por primera vez y para siempre mexicano. El recuerdo de Sáinz de Baranda estará siempre presente por darle el último zarpazo al yugo español.

## 32

## MIGUEL BARRAGÁN (1789-1836)

Conocía la prisión en la que se encontraba. No hacía mucho había entablado en ese mismo lugar negociaciones con José María Coppinger, comandante del ejército español, para capitular la plaza. En aquel entonces, el castillo de San Juan de Ulúa, último bastión español, cayó en manos mexicanas gracias a él y a Pedro Sáinz de Baranda. Ahora era su celda.

Como varios soldados del ejército realista, el potosino Miguel Barragán se había unido al Plan de Iguala. Como coronel entró junto al resto del Ejército Trigarante a la Ciudad de México el 27 de septiembre de 1821. Sin embargo, no por ello apoyó el imperio de Iturbide. De hecho, fue encarcelado por primera vez por estar en contra del régimen iturbidista y no fue liberado sino hasta la victoria de los republicanos.

Obtuvo la gubernatura del naciente estado de Veracruz en 1824. Durante su régimen se dio la debacle de San Juan de Ulúa. Con la salida de los últimos españoles, concluyó definitivamente la Independencia de México. Y Miguel Barragán será por siempre recordado como uno de los protagonistas de este episodio en la historia. Su administración habría de terminar antes de tiempo. A finales de 1827 decidió apoyar el Plan de Montaño, que demandaba la supresión de las sociedades secretas. En los últimos años, se había desatado una contienda entre masones yorkinos y escoceses a lo largo del país. Los conservadores rechazaron ambas corrientes. De ahí surgió el plan de diciembre de 1827, que fue repudiado por estar en contra de las instituciones federales. Fue aprehendido y llevado al bastión que había liberado dos años atrás.

San Juan de Ulúa fue su residencia temporal. Pronto fue trasladado a lo que había sido la Inquisición y después desterrado. Sin embargo, volvió al país en 1829. De inmediato se reincorporó a la vida política. Participó como secretario de Guerra en los gobiernos de Santa Anna y Gómez Farías. El destino lo llevaría a ocupar la presidencia interina de enero de 1835 a febrero de 1836, periodo en que Santa Anna tuvo que retirarse por motivos de salud.

El potosino, quien era reconocido por su patriotismo y lealtad a los principios republicanos, sin dejar a un lado su profunda religiosidad, se encontraba luchando contra los independentistas de Texas cuando fue atacado por la fiebre pútrida. La enfermedad le quitó la vida un 1 de marzo de 1836. Por ser su última voluntad, su cuerpo fue dividido y sepultado en distintos lugares del país. Una parte de él encontró su último descanso en la Catedral de México; sus ojos fueron enviados a su ciudad natal; el corazón paró en Guadalajara; las entrañas en la Colegiata de Guadalupe y en la capilla del señor de Santa Teresa; por último, la lengua se detuvo en San Juan de Ulúa.

# 33

## MANUEL MIER Y TERÁN (1789-1832)

Su partida rumbo al norte del país en 1827 era de gran importancia. El capitalino iba acompañado por el botánico francés Jean-Louise Berlandier, y varios militares y académicos mexicanos. La misión era delimitar la frontera entre México y Estados Unidos, nada más y nada menos. En esta ocasión no habían enemigos a los cuales batir, sino una historia que reafirmar. La definición territorial de su país quedaba en sus manos.

La empresa fue realizada con éxito en Tamaulipas y Texas durante los siguientes dos años. Sus conclusiones y recomendaciones al gobierno eran claras: impedir que Estados Unidos se hiciera de aquella parte del país; Texas debía ser colonizada por mexicanos y europeos con ligas comerciales estrechas con el centro del país; además, se habría de establecer fortificaciones en caso de una invasión extranjera. De esa forma, Texas continuaría siendo parte de México.

No había por qué no hacer caso a José Manuel Rafael Simeón Mier y Terán. Había demostrado su sapiencia durante la guerra insurgente en varias ocasiones. En 1814, prácticamente todo lo que es hoy el estado de Puebla había estado en su poder. En Oaxaca logró que los realistas levantaran un largo y complicado sitio, por lo que el Congreso de Chilpancingo lo ascendió a coronel. Muchas fueron sus victorias hasta 1821 en que se adhirió al Plan de Iguala.

Había sido, además, diputado por Chiapas al inicio de la vida independiente mexicana. Con Guadalupe Victoria, aceptó el Ministerio de Guerra, cargo al que luego renunció por diferencias personales. Pero muy en especial, era un fantástico militar y estratega. Fue por eso que sus opiniones no sólo fueron atendidas, sino que además fue designado para una labor de mayor importancia.

En julio de 1829, una expedición española de reconquista se hizo presente en las costas del golfo al mando del almirante Ángel Laborde. Alrededor de 3 100 combatientes desembarcaron en Veracruz bajo las órdenes del brigadier Isidro Barradas. Mier y Terán fue enviado a Tampico como segundo al mando, bajo las órdenes de Antonio López de Santa Anna. Un mes les llevó expulsar a los invasores. La gesta heroica recorrió todo el país. La Segunda Independencia, como fue llamada, había sido conseguida.

Como recompensa, en 1830 se le dio la comandancia de las Provincias Internas de Occidente: Texas, Coahuila, Nuevo León y Tamaulipas. Un par de años más tarde, aturdido por severas depresiones, luchó contra el levantamiento de Santa Anna. Escéptico ante el porvenir de México, decidió suicidarse frente a la tumba de Iturbide aventándose sobre el filo de su espada —razón por la que también se cree que fue asesinado— un 3 de julio de 1832 en la iglesia de San Antonio, en Padilla, Tamaulipas.

# 34

## XAVIER MINA (1789-1817)

Cuando embarcó en el puerto de Liverpool aquel 15 de mayo de 1816 rumbo al continente americano, lo hizo sin miedo ni duda. En su mente sólo cabía el ayudar a los insurgentes a conseguir su libertad. No por nada había platicado por horas con fray Servando Teresa de Mier, a quien había conocido en Londres. El navarro tenía apenas 27 años, pero ya contaba con una larga experiencia de sublevaciones y guerras. En su trayecto a la Nueva España, Xavier Mina también viajaba hacia la gloria.

La expedición estuvo exenta de dificultades. Antes de atracar en tierras novohispanas, se detuvieron en Estados Unidos y algunas islas caribeñas para hacerse de los servicios de un pequeño ejército. Casi un año pasó antes de llegar a Soto la Marina, Tamaulipas, el 15 de abril de 1817. La plaza fue tomada por Mina de inmediato. Parecía que el español habría de ayudar a retomar el camino de la desahuciada y dividida justa insurgente. Nadie imaginaba que, en ese afán, la vida del afamado guerrillero español acabaría irremediablemente.

"Mexicanos —escribiría diez días luego de su llegada—, permitidme participar de vuestras gloriosas tareas, aceptad los servicios que os ofrezco a favor de vuestra sublime empresa y contadme entre vuestros compatriotas". La lucha de los insurgentes era desde ese instante su propia lucha.

Después de tomado Soto la Marina, se internó en el país en donde rapidamente tomó varios poblados más hasta llegar al Fuerte del Sombrero, en donde Pedro Moreno comandaba la defensa contra una tropa realista. La unión de ambos insurgentes fue inmediata. Con la ayuda del español se pudo romper el sitio el 8 de agosto de 1817. Sin embargo, la tropa a su mando era desorganizada e indisciplinada. A pesar de ello luchó en varios lugares más hasta llegar a Jaujilla, en donde se encontraba la Junta de Gobierno insurgente. Se le envía entonces a atacar Guanajuato; sin embargo, su tropa se dispersó y fue obligado a huir, junto con Pedro Moreno, hacia el rancho El Venadito. Ahí fueron atacados por los realistas. Moreno perdió la vida en el ataque y Mina fue hecho prisionero. Su expedición era ya conocida en todos los confines del país. Su aprehensión se convertiría, para el bando español, en una victoria emocional que derrumbaría el ánimo nuevo de los insurgentes.

Fue por ello que decidieron actuar con premura. El 11 de noviembre de 1817, fue llevado al Cerro del Borrego, muy cerca de Pénjamo, Guanajuato. Ahí fue fusilado por soldados del Batallón de Zaragoza. Sin embargo, el movimiento insurgente había encontrado una fuente de inspiración en el joven español. A partir de ese momento, una nueva etapa llevaría al país hacia la consumación de la independencia.

# 35

## LEONA VICARIO (1789-1842)

Llevaba cinco semanas enclaustrada en el convento de Belén de las Mochas como castigo por conspirar contra el gobierno virreinal y apoyar a los insurgentes con dinero e información. Sólo sus creencias y su amor a un yucateco le daban las fuerzas suficientes para continuar. Fue entonces cuando tres soldados se le acercaron y la sacaron de su celda. Tuvieron que pasar algunos minutos antes de darse cuenta de que se trataba de tres insurgentes disfrazados que habían ido en su auxilio. No sin dificultades, Leona Vicario vio de nuevo la libertad. Rápidamente, disfrazada de negra y montada en un burro cargado con cueros de pulque, se dirigió hacia Tlalpujahua, Michoacán, en donde la estaban esperando. Unos días más tarde, Leona Vicario y Andrés Quintana Roo contrajeron nupcias. Su compromiso con el amor, la insurgencia y la libertad ya no lo podría romper nadie.

La ideología había unido a los enamorados. A pesar de estar bajo la tutela de su tío Agustín Pomposo, quien era un afecto al sistema virreinal, Leona Vicario creía en la gesta insurgente, y se apegó a ella con fuerza cuando su tutor le negó la oportunidad de unirse a su amado. Desde ese momento, doña Leona sirvió de espía, mensajera y patrocinadora del movimiento. En Tacuba, formó parte de un grupo clandestino de mujeres que también apoyaban la insurgencia. Y fue por esa razón que, al ser descubierta en marzo de 1813, fue hecha prisionera y llevada al convento de Belén.

Ya en libertad, junto con su esposo, participó activamente en el Congreso de Chilpancingo. Ambos sortearon los caminos itinerantes de la asamblea, salvando la vida en diversas ocasiones, a pesar de que en el vientre de Leona latía ya el fruto de su amor. Así como participaba en la planeación de las batallas, atendía a los heridos. El asedio realista se volvió tan estrecho y el embarazo de doña Leona tan avanzado, que el matrimonio decidió buscar refugio en la sierra de Tlatlaya. Hubo apenas tiempo para que Genoveva naciera en el piso de una choza. La felicidad de la pareja no pudo más que ser efímera. Los realistas les seguían el paso muy de cerca.

Cuando se vieron perdidos, doña Leona incitó a que su esposo escapara. Éste le dejó una carta para pedir el indulto en caso de que fuera aprehendida. El virrey aceptó la propuesta y el matrimonio viajó a la Ciudad de México en donde, alejados del movimiento, siguieron sus vidas.

A su muerte, el 24 de agosto de 1842, Leona Vicario gozaba el reconocimiento del pueblo mexicano por prestar auxilio a los insurgentes, y apoyar a su esposo en la planeación y estrategias de guerra. Su valor se ha convertido en una muestra del carácter e importancia de la mujer durante los episodios históricos de México.

# 36

## JUAN ÁLVAREZ (1790-1867)

Tenía apenas 20 años. Había perdido a sus padres tres años atrás, por lo que no había podido culminar sus estudios en la Ciudad de México. Al regreso a su tierra, Atoyac, en el actual estado de Guerrero, recibió una jugosa herencia que no pudo disfrutar, pues su tutor lo obligó a trabajar en su hacienda como si fuera un esclavo. Su vida no había sido sencilla, pero tenía ideales por los cuales estaba dispuesto a dar su vida. Así que al paso de las tropas de José María Morelos, el joven no dudó en unirse a la lucha por la libertad.

Empezó como soldado raso, pero con rapidez fue adquiriendo rangos superiores debido a sus destacadas actuaciones. Durante un enfrentamiento en 1810, una bala le perforó ambas piernas. Sin embargo, esto no fue suficiente para detenerlo. Para 1815, año en que murió Morelos, se unió a las fuerzas de Vicente Guerrero, con quien luchó en las montañas del sur. Álvarez se volvió imprescindible en la lucha por la independencia. Empeñó en ella su dinero y su vida.

Cuando Agustín de Iturbide proclamó el Plan de Iguala, le fue encomendada la toma de Acapulco, que seguía en manos de los realistas. Álvarez cumplió su misión con total éxito. Desde ese momento, nadie tenía mayor poder y control sobre la región sur del país.

En el México independiente rechazó el imperio de Iturbide, la expulsión de los españoles —incluso amparó y auxilió a varios de ellos— y apoyó decididamente la administración de Vicente Guerrero. Su lealtad fue tal que, cuando supo sobre la conspiración para darle muerte, intentó a toda costa impedir su asesinato. Sin embargo, nadie podía detener al destino.

Pocos como él defendieron y auspiciaron el federalismo. Luchó contra el centralismo promovido por Anastasio Bustamante y estuvo en desacuerdo con los gobiernos de Antonio López de Santa Anna. Era un aguerrido republicano, pero antes era mexicano. Fue por ello que en 1838 ofreció sus servicios al propio Santa Anna para luchar contra el ejército francés en la Guerra de los Pasteles.

Tuvieron que pasar algunos años más para que volviera a ponerse el patriotismo en el pecho y se lanzara, como general en jefe de las divisiones de caballería, a la guerra contra las tropas invasoras estadunidenses en 1847. Sin embargo, al momento de la verdad, cuando más se le necesitaba, decidió no entrar en combate.

Años más tarde, su influencia en el sur, que rayaba en el cacicazgo, derivó en la creación del estado de Guerrero, del cual fue el primer gobernador, de 1850-1853.

Su participación en la política fue continua. En 1854, desde el territorio que era prácticamente suyo, proclamó con Ignacio Comonfort y Florencio Villarreal el Plan de Ayutla, que derrocó la dictadura de Santa Anna. Tras la victoria, fue nombrado presidente de la república el 4 de octubre de 1855.

Su gestión dentro del Poder Ejecutivo fue breve pero consistente. Dentro de su gabinete participaron hombres como el propio Comonfort (Guerra), Melchor Ocampo (Relaciones Exteriores), Guillermo Prieto (Hacienda) y Benito Juárez (Justicia). Su vena liberal abrió el camino para la Ley Juárez, que aboliría el fuero militar y eclesiástico. Además, fue razón para la convocatoria del Congreso Constituyente del cual surgiría la Constitución de 1857.

Sin embargo, extrañaba el poder que tenía en el sur. Allá no tenía que enfrentarse al clero, a la prensa conservadora o, incluso, a las presiones del propio Comonfort. En diciembre, cansado del peso presidencial y de la Ciudad de México, entregó el cargo a Comonfort y se retiró a su cacicazgo. Desde esa trinchera apoyó a Juárez en la Guerra de Reforma. Su papel fue tan fundamental durante esos tiempos, que el propio oaxaqueño aconsejaba a sus generales que en caso de no poderse comunicar con él, trataran con Álvarez.

A sus 77 años, Álvarez tuvo la oportunidad de ver restaurada a su amada república. Esperó a que Maximiliano de Habsburgo, segundo emperador de México, durante la Intervención Francesa, fuera fusilado para poder descansar. En su hacienda de la Providencia, el 21 de agosto de 1867, dio su último suspiro un hombre que participó en las batallas más importantes de la historia de México durante el siglo XIX y que se convirtió por varios años en el amo y señor del sur del país. Un hombre de contrastes: republicano, federalista y nihilista, héroe y cacique.

## 37

## PEDRO MARÍA ANAYA (1794-1854)

La batalla había sido larga y cansada. El agrio sabor de la derrota permanecía en el paladar de los mexicanos que habían intentado frenar la marcha del enemigo. Pero éste era superior y estaba mejor armado. La rendición tuvo que ser completa y con ella, el control del país entero se había perdido. A las puertas de la capital, el ejército estadounidense consiguió su ruin propósito. Cuando el general David E. Twiggs se acercó a él para preguntarle dónde escondían las armas y las municiones, el hidalguense le contestó con voz recia: "Si hubiera parque no estarían ustedes aquí".

La derrota no manchó en lo absoluto la brillante trayectoria de Pedro María Anaya y mucho menos después de haber entregado el Convento de Churubusco hasta el último momento de aquel 20 de agosto de 1847. La victoria estadounidense no había sido sencilla, a pesar de la superioridad numérica con la que contaban. Del bando defensor, sólo había alrededor de mil 300 elementos mal armados que mantuvieron el control de todos los reductos hasta que se agotaron las municiones. Y aun así, con piedras intentaron alargar el final. Sin lugar a dudas, la dirección del general Anaya, quien incluso sufrió quemaduras al estallarle un cañón cercano, evitó que la caída fuera deshonrosa.

Su experiencia militar hablaba por sí sola: había formado parte del ejército realista hasta 1821 en que se sumó al Plan de Iguala proclamado por Agustín de Iturbide y que significó la consumación de la independencia. Después se mantuvo a las órdenes de Vicente Filisola con quien se traslado a Guatemala para supervisar la adhesión de Centroamérica a México. Sin embargo, una enfermedad le hizo retirarse del servicio militar. La carrera política también le había de sentar bien.

Fue diputado y, aunque no coincidía con el gobierno de Anastasio Bustamante, continuó ascendiendo escaños hasta que se le nombró presidente interino del 2 de abril al 30 de mayo de 1847. Con la invasión estadounidense como principal problema, ordenó la obligatoriedad del servicio militar y la contribución económica de la Iglesia para luchar contra el enemigo. Sin embargo, las victorias estadounidenses lo hicieron regresar al campo de batalla.

Con la caída del Convento de Churubusco, el general fue aprehendido hasta el fin de la intervención. Después volvió a ocupar la silla presidencial de noviembre del 47 a enero del 48, renunciando a ella por negarse a entregar parte del territorio nacional a Estados Unidos.

Ministro de Guerra y Marina en la administración de Mariano Arista, murió a causa de una pulmonía fulminante el 21 de marzo de 1854, mientras estaba al frente de la Administración de Correos. El héroe de Churubusco demostró que el honor está antes que la gloria.

## 38

## MARIANO ARISTA (1802-1855)

Estaba por dejar tierras mexicanas por última vez. El exilio ya le era conocido, aunque en esta ocasión dejaba al país por voluntad propia. Sus enfermedades y los ataques constantes del presidente Antonio López de Santa Anna le habían convencido de que la lejanía era la mejor opción. El célebre militar había ya cumplido muchas batallas. Libraría la última de ellas en Europa.

Durante varios meses, Mariano Arista permaneció en Sevilla recordando años mejores. Había pasado mucho tiempo desde que se enlistó en el Regimiento de Provinciales de Puebla a la edad de 15 años. Luchó contra los insurgentes, pero al momento de conocer el Plan de Iguala, se apegó a su exigencia de liberación. Gozó la independencia del país como cualquier otro independentista.

Su mayor enemigo fue Antonio López de Santa Anna, quien le desterró en 1833 por pronunciarse en contra suya. Arista era un liberal moderado y su deseo de complacer a liberales y conservadores le trajo más problemas que beneficios. Sin embargo, no dejaría de intentar ser un puente entre ambas ideologías.

No pudo regresar sino hasta la victoria del Plan de Cuernavaca, que reconocía la autoridad de Santa Anna para restablecer el orden en el país. Arista, por tanto, volvió a México pero sin ningún beneficio político y militar. Durante tres años vivió entre las sombras hasta que recuperó su grado militar y fue nombrado inspector de la milicia activa. De ahí, todo parecía volver a su cauce.

Recibió el cargo de comandante general en Tamaulipas y después de jefe del Ejército del Norte. Estuvo en varias batallas sin lograr victorias importantes por lo que fue removido del cargo. A pesar de ello, en 1846, se volvió a confiar en él y se le envió a la batalla de Texas. Sus derrotas contra las tropas estadounidenses en Palo Alto y la Resaca de Guerrero fueron escandalosas. Entregó el mando y pidió ser enjuiciado, pero no se le encontró motivo.

En 1848 fue nombrado secretario de Guerra y Marina, lo que le sirvió para ascender a la silla presidencial en 1851. Su toma de posesión fue la primera del México independiente que no se realizaba por medio de las armas. Desde el poder, intentó sanear al ejército y a la hacienda con irrestricto apego a las leyes. Sin embargo, grupos opositores le crearon problemas que ponían en peligro la dificultosa paz. Arista decidió, entonces, renunciar y partir, achacoso, rumbo a Europa en 1853.

En Sevilla sus males empeoraron y decidió trasladarse hacia Francia. Perdió la vida a bordo del buque que lo transportaba. Su cuerpo fue enterrado en Lisboa, pero su corazón, por sus propios designios, fue enviado a su país. No se necesita vencer para ser héroe, sólo luchar por la patria a pesar de todo.

## 39

## BENITO JUÁREZ (1806-1872)

Después de años de guerra, volvía a la Ciudad de México con toda la gloria de la victoria. Una vez más, el país había recobrado su independencia. La Guerra de Reforma contra los conservadores formaba parte del pasado. La Intervención Francesa era ya un recuerdo doloroso. Sólo habían pasado unas horas desde el fusilamiento de Maximiliano. El país comenzaba una nueva era. Y aquel 15 de julio de 1867, ese hombre de facciones indígenas daba en un discurso su conclusión tras el aprendizaje de tantos años: "Entre los individuos, como entre las naciones, el respeto al derecho ajeno es la paz". La frase, acuñada en la memoria colectiva de todos los mexicanos, quedó guardada en la gloria del recuerdo para siempre.

Nadie le había regalado nada. Él solo había marcado su propio destino desde el momento en que salió de su pueblo natal, San Pablo Guelatao, para cruzar a pie el camino hacia la ciudad de Oaxaca. Le había dado la espalda a la normalidad, pues habría sido más sencillo y común quedarse para trabajar en el campo y pastorear las ovejas, como había hecho hasta los 12 años. En su nuevo hogar y gracias a la protección de Antonio Salanueva aprendió a leer y escribir, a hablar español —antes sólo dominaba el zapoteco—, conoció el latín, la filosofía y entró en un seminario del cual salió para estudiar Leyes.

No era un santo dotado de perfección como la historia oficial lo ha querido promulgar, pero sí era un hombre inteligente, patriota, preocupado por la situación del país y lleno de ideas para crear una sociedad mejor. Sus ideales liberales, republicanos y su apego a la Constitución de 1857 lo hicieron destacar en la arena política local y nacional. Fue regidor del Ayuntamiento, diputado local, juez de lo civil, diputado federal y gobernador de Oaxaca entre 1831 y 1852. En cada uno de los puestos que ocupó brillaron su ideología liberal y modernizadora. Esa visión provocó que Santa Anna lo enviara al destierro, en donde se encontró con otros liberales de renombre como Melchor Ocampo, con quienes formó un grupo de ideas afines que le seguirán durante el resto de su carrera política.

A su regreso al país, tras el triunfo del Plan de Ayutla, al cual apoyó, fue designado ministro de Justicia e Instrucción Pública en 1855. Fue entonces que promulgó la Ley

Juárez, que no era otra cosa más que el primer esbozo de lo que sería la separación de la Iglesia y el Estado. Aquel hijo de zapotecos, con rasgos indígenas, comenzaba a conquistar los más altos peldaños de la política mexicana gracias a su inteligencia. Nunca quiso ser tratado con deferencia por sus raíces. Muy al contrario, creía en la igualdad sin restricciones. Antes que ser indígena era mexicano.

Pronto volvió a ocupar la gubernatura de su estado, e invitado por Comonfort, la cartera de Gobernación y la presidencia de la Suprema Corte de Justicia. Sin embargo, las tensiones entre los conservadores y liberales comenzaron a hacerse insoportables. Las ideas de Juárez, una vez más, lo llevaron a prisión aunque su propio captor lo liberó después para que lo auxiliara en el conflicto que había ocasionado. A esas alturas, Comonfort había sido ya desconocido por medio país, pero Juárez no sería su redentor. En Guanajuato, el gobernador Manuel Doblado había tomado las decisiones pertinentes desconociendo a Comonfort y nombrando como sustituto al presidente de la Suprema Corte de Justicia. Benito Juárez era reconocido como el nuevo presidente del país.

Sin embargo, los conservadores habían actuado de la misma manera y, tras nombrar a Félix Zuloaga presidente, dio inicio la Guerra de Reforma. Durante varios años, el gobierno de Juárez fue itinerante. Recorrió gran parte del país tratando de salvar la legalidad. Expidió las Leyes de Reforma, que representaban la independencia del Estado respecto de la Iglesia: la ley del matrimonio civil, del registro civil, panteones y cementerios, y la desamortización de los bienes eclesiásticos.

Después de vencer a los conservadores, el país se hallaba fracturado. El gobierno de Juárez no tuvo más opción que suspender los pagos de la deuda contraída con Francia, España e Inglaterra. Unos meses más tarde, Francia aprovechó esta situación como pretexto para invadir el país. El 31 de mayo de 1863, Juárez se vio obligado a dejar la capital de nueva cuenta.

Nunca cesó en su lucha, aun y cuando estuvo a punto de ceder el tránsito por el istmo de Tehuantepec para ganar el reconocimiento estadounidense y su apoyo moral y económico. La intervención se convirtió en imperio y aun así, Juárez continuó peleando por la restitución de la legalidad. Se encontraba ya en su tercer periodo presidencial cuando Maximiliano fue pasado por las armas el 19 de junio de 1867. El diciembre siguiente, en un país libre, Juárez tomó posesión una vez más de la Presidencia de la República.

El hombre que a los 12 años no sabía ni leer ni escribir, a los 59 años gozaba de la popularidad del mundo entero. "México se ha salvado por un principio y por un hombre —le escribió el dramaturgo Victor Hugo—. El principio es la República; el hombre sois vos". Juárez era ya conocido como el Benemérito de las Américas.

Aún tuvo que lidiar con algunas rebeliones más, siendo la de Porfirio Díaz en 1871 la más importante. Sin embargo, ninguna fue capaz de derrotarlo. El hombre de las leyes, el promotor de la igualdad, el luchador de la justicia y el protector del nuevo Estado-nación, estaba decidido a mantenerse en el poder. Sólo la muerte lo pudo quitar de aquella posición de honor, el 18 de julio de 1872.

Juárez no necesita que su vida sea exagerada para ser respetado. Fue un hombre que, nacido en la pobreza e ignorancia, tomó el camino del conocimiento. Su carrera política fue siempre en ascenso; en diez años de guerra, derrotó a conservadores, franceses e imperialistas. Dio entrada y sustento al liberalismo mexicano, sentando las bases del Estado-nación que hoy es México. Sin duda, el Benemérito de las Américas, se convirtió en gloria e historia.

# 40

## SANTOS DEGOLLADO (1811-1861)

Después de haber nacido en la pobreza, de sufrir una orfandad prematura, el destino por fin le sonreía. De mucho valieron las horas en que, siendo escribiente en Morelia, tuvo el tiempo para aprender idiomas y cultura. Con el tiempo, el entonces gobernador de Michoacán, Melchor Ocampo, lo nombró secretario del Colegio de San Nicolás. Pero todo ello sólo lo había preparado para mayores encargos. Al menos así parecía desde el día en que resultó electo como gobernador en julio de 1857.

El guanajuatense era un liberal empedernido. Desde años atrás había luchado en la Revolución de Ayutla contra Antonio López de Santa Anna. Después de la victoria, encontró en la tribuna del Congreso Constituyente de 1856-57 el espacio ideal para refrendar su postura republicana. Sin embargo, ahora que se encontraba en el dulce mando de Michoacán, una nueva amenaza se posaba en el futuro liberal. Y fue así como, sin dudar, dejó el puesto para ir a luchar contra la rebelión conservadora encabezada por Miguel Miramón contra la Constitución del 57 y el gobierno de Benito Juárez.

Su entrega a la gesta fue notoria, aun y cuando no poseía excepcionales dotes militares. Pesaban más sus contribuciones a las Leyes de Reforma que su derrotas en el campo de batalla. Por ello, fue nombrado por el propio Benemérito de las Américas, como ministro de Guerra y general en jefe del Ejército Liberal.

Los siguientes meses no fueron sencillos para Santos Degollado. Enfrentar a las fuerzas de Miramón significó un reto que no pudo superar fácilmente. En tan sólo unos meses, entre julio del 58 y noviembre del 59, fue derrotado en Salamanca, Guanajuato, en Atenquique y Guadalajara, Jalisco, en San Joaquín, Colima, en Tacubaya, y en la Estancia de las Vacas, en Querétaro. Con dificultades logró la victoria en la Loma de las Ánimas, en Guanajuato, pero sus fracasos ya le habían otorgado el apodo de "Héroe de las Mil Derrotas", y es que a pesar de ellas, el guanajuatense nunca dejó de rehacerse y lanzarse de nuevo a la lucha. Su ánimo nunca decayó y sus creencias sólo se fortalecieron más. Con ellas como bandera contactó al encargado de negocios de Inglaterra en México, George W. Matthew, con quien platicó sobre la posibilidad de pacificar al país haciendo a un lado a Juárez y Miramón. Al saberse ello, fue retirado del mando militar y sujeto a proceso en la Ciudad de México.

Fue en espera de su sentencia cuando se enteró del asesinato de Melchor Ocampo. El héroe entendió que su deber era resarcir sus acciones y de inmediato se ofreció para ir a combatir a los culpables. Al mando de una columna se dirigió hacia el Monte de las Cruces, en donde trabó combate con Leonardo Márquez. Era el 15 de junio de 1861 cuando Santos Degollado cayó muerto en una emboscada.

# 41

## PONCIANO ARRIAGA (1811-1863)

Nunca un destierro fue más afortunado. Sus ideas liberales
habían chocado una y otra vez con el régimen de Santa
Anna y éste lo castigó prohibiéndole pisar el suelo en que
nació. El potosino Ponciano Arriaga, quien era ya un célebre político en el país, emprendió su viaje hacia Estados
Unidos. Ahí ya lo esperaban los otros enemigos del gobierno: Benito Juárez y Melchor Ocampo, entre otros. Juntos
habrían de unirse al Plan de Ayutla y, desde la lejanía, decidieron el rumbo político de la rebelión. Era sólo cuestión
de tiempo para que el liberalismo regresara al seno mexicano de mano de estos hombres.

Tras el triunfo de la Revolución de Ayutla, los exiliados
regresaron a su tierra con ánimos de retomar el camino
del liberalismo. Gracias a su popularidad pudieron llevar a
cabo las reformas y los planes de gobierno que pretendían.
El prestigio de Arriaga era tan grande, que durante las elecciones para formar el Congreso Constituyente de 1856, fue
electo por distritos de San Luis Potosí, Guerrero, Jalisco,

México, Michoacán, Puebla, Zacatecas y el Distrito Federal. Su participación fue fundamental. Sus ideas a favor de la propiedad privada, de los derechos de los campesinos y de las mujeres, así como de la libertad de consciencia, incluidas en la Carta Magna, le otorgaron el apodo del "Padre de la Constitución".

Su ideología era indiscutible: después de ser encarcelado por sus convicciones federalistas, en 1841, cuando era diputado en su tierra, se unió al gobierno estatal desde donde promulgó una educación popular gratuita y mejoras al estado agrario de la región. Su patriotismo es incuestionable: durante la guerra contra Estados Unidos envió emolumentos y víveres al ejército mexicano que luchaba en Coahuila y Tamaulipas, y apoyó con información sobre el paso de los militares estadunidenses. Además, se opuso rotundamente a negociar la paz a cambio de la cesión de territorio nacional.

Ninguno de sus sentimientos habrían de transformarse con el tiempo. Durante la Guerra de Reforma, el abogado —había estudiado Leyes en el Colegio Guadalupano Josefino en San Luis Potosí— de inmediato fue a Veracruz para apoyar al Benemérito de las Américas. Una vez más tuvo la oportunidad de exponer su ideología como gobernador interino en Aguascalientes, unos meses antes de su muerte, acaecida el 1 de marzo de 1863.

El padre de la Constitución es referente indiscutible del liberalismo mexicano durante el siglo XIX. Sus discursos y escritos sobre las bases legales y jurídicas de la propiedad continúan estudiándose y reconociéndose a través del tiempo.

# 42

## MELCHOR OCAMPO (1814-1861)

Estuvo ligado a la política mexicana sólo por veinte años, pero coincidió que éstos fueran los más complejos y determinantes en la historia mexicana del siglo XIX. La vida del michoacano se forjó entre guerras externas e internas, debates ideológicos y formación de instituciones y leyes. Por ello, no pensó que fuera necesario huir del grupo de conservadores que amenazaban su vida. Su honradez lo salvaría.

Don Melchor Ocampo, llamado "El filósofo de la Reforma", había estudiado Leyes en la Universidad de México, pero también era versado en Botánica y Letras. Tuvo oportunidad de viajar a Europa, en donde se empapó de las ideas que habían dado origen a la Revolución Francesa. Sus conocimientos lo convirtieron en un liberal de cepa: defendió la libertad de imprenta, la democracia, la abolición de la pena de muerte y se opuso a las injusticias cometidas por militares y eclesiásticos. Todo ello quedó de su paso por la política.

Fue diputado por Michoacán en 1842. Desde la tribuna defendió el federalismo. Tiempo después, en 1846, fue electo gobernador de su estado, senador en 1849, ministro de Hacienda y candidato a la presidencia en 1850. Volvió a la gubernatura de Michoacán, pero no pudo terminar su periodo pues fue desterrado por la vena centralista de Antonio López de Santa Anna.

En el exilio, se encontró con Benito Juárez y se unió a la junta revolucionaria que conformó durante la Revolución de Ayutla. De vuelta en el país fungió como secretario de Relaciones Exteriores del gobierno juarista, aunque también ocupó las carteras de Gobernación, Fomento, Guerra y Marina, y Hacienda. Las leyes más importantes de la Reforma tuvieron la participación, de una forma u otra, de Ocampo.

En 1859, la guerra entre liberales y conservadores tenía al país en jaque. El gobierno de Juárez requería recursos y legitimidad. Fue por ello que Ocampo se reunió con Robert McLane, enviado de Washington, para firmar un tratado en el que Estados Unidos reconocería la administración juarista y daría dinero a cambio del derecho de tránsito a perpetuidad por el istmo de Tehuantepec. Por fortuna, el tratado fue rechazado por el Congreso estadounidense. Sin embargo, esa mancha habría de perdurar en la memoria de Ocampo por el resto de su vida.

Ocampo renunció al gabinete en 1861. Fue entonces cuando las amenazas de los conservadores cobraron mayor fuerza. Pero no huyó de su destino. El 31 de mayo fue detenido y conducido ante el conservador Leonardo Márquez, quien lo mandó fusilar. El cuerpo sin vida de Melchor Ocampo fue colgado de un árbol el 3 de junio siguiente. El filósofo de la Reforma escribió en su testamento: "muero creyendo que he hecho por el servicio del país cuanto he creído en conciencia que era bueno".

# 43

## JUAN CANO Y CANO (1815-1847)

Había mandado a su hermano Lorenzo a casa de su tío con el pretexto de conseguir cigarros. Todo estaba listo para que, en las siguientes horas, el ejército estadounidense atacara el Castillo de Chapultepec. Lorenzo no había querido despegarse de su hermano y cumplió el encargo con enojo. No sabía que una carta que le llevaba a su tío le salvaría la vida. "Estoy cierto que mañana moriremos —decía la misiva—, y como no quiero dar a mis ancianos padres la imponderable amargura de recibir al mismo tiempo la nueva de la muerte de sus dos hijos, le suplico detenga a mi hermano Lorenzo, que está empeñado en permanecer a mi lado, y que estoy seguro perecería conmigo si se queda en Chapultepec". Juan Cano y Cano había tomado la decisión de entregar su vida en aras de la patria.

Su coraje y patriotismo eran incuestionables. Había sido instruido en las artes de la guerra y la ingeniería por los mejores maestros de Nueva York y París. A su regreso, el yucateco se enteró de la amenaza de un buque francés que había llegado al puerto de Veracruz para exigir el pago de los daños sufridos por súbditos franceses en los disturbios internos. De inmediato supo que su deber era defender su patria. Sin embargo, no encontró buque en Sisal ni en Campeche que lo trasladara al lugar del conflicto. Tomó entonces una canoa que se dirigía hacia Alvarado, pero un norte provocó que ésta se hundiera muy cerca de su destino. Ya en Alvarado, se enteró de que San Juan de Ulúa había sido tomado y montó un caballo hacia el puerto. Para cuando llegó, las hostilidades habían sido suspendidas y las negociaciones de paz se encontraban por concluir. Aquel marzo de 1839 encontró su llamado.

No quería perderse nunca más la oportunidad de defender a su tierra. Por ello, se dirigió hacia la capital para solicitar una plaza en el Cuerpo de Ingenieros Militares, en donde se le acogió como capitán. Desde entonces, participó en varias batallas y en todas ellas fue fundamental para la victoria. Su trato, además, era honesto y noble. No fueron pocas las ocasiones en las que convenció a sus prisioneros de volver a sus oficios y dejar las armas. Ello le trajo ciertos problemas, pues no faltó quien le castigara por su falta de severidad. En alguna ocasión fue incluso sometido a consejo de guerra, pero sus acciones lo absolvieron de toda culpa.

Aquel trato humano no encontró eco en Antonio López de Santa Anna. Cano era un liberal republicano y Santa Anna trataba de imponer el centralismo en aquel 1839. Fue por ello, y por los rumores de que Cano estaba inmiscuido en una sublevación, que ordenó su exilio. Cano no tuvo más opción que salir rumbo a La Habana. Sin embargo, el castigo no duró muchos años y el yucateco al fin pudo volver. Entonces Santa Anna lo envió a levantar planos en el sureste del país, lo que significaba una suerte de exilio disfrazado. No obstante, la rebelión del 6 de diciembre de 1844 hizo que la orden se suspendiera. En cambio, fue nombrado por José Joaquín de Herrera director de las fortificaciones de la capital, que se encontraba amagada por Santa Anna. Ante los designios de Cano, éste no vio más opción que retirarse a Veracruz en donde habría de tomar un buque hacia el exilio. Sin embargo, la historia de ambos estaba lejos de terminar.

Durante la retirada, Santa Anna fue aprehendido y conducido hacia el Castillo de Perote, en donde fue custodiado por el propio Cano. Su trato hacia el prisionero, lejos de ser severo, fue cortés y le profirió todo tipo de comodidades. Sin embargo, le dejó en claro que, en caso de que intentara huir o articular algún levantamiento, él sería el primero en fusilarle. Santa Anna fue desterrado el 26 de mayo de 1845 y Cano volvió a la Ciudad de México. Sin embargo, habrían de encontrarse nuevamente.

En aquella ocasión, Cano había sido enviado a Yucatán para reincorporar dicho territorio a la república, pero no tuvo éxito. Regresó a la capital para ponerse a las órdenes del gobierno de Mariano Paredes, que lucharía contra los estadounidenses. Sin embargo, las rebeliones internas complicaron, una vez más, la posibilidad de enfrentar al enemigo en el norte del país, pues ambos fueron arrestados por las huestes que deseaban a Santa Anna en el poder.

Pronto fue liberado y conducido hacia el campo de batalla, pues el enemigo no cedía en su paso hacia el centro del país. Sabía que estaría al mando de su antiguo enemigo, pero desde un principio la presencia de Cano no se debía a las ideologías políticas sino al deber patriótico.

En el Cerro Gordo, Santa Anna le mandó llamar para pedirle su opinión sobre la posición de la defensa, a la que Cano favoreció siempre y cuando se reforzaran los flancos. El jarocho no hizo caso de los consejos y la victoria fue del bando enemigo. Santa Anna, y con él Cano, regresaron a la capital para reorganizar la defensa. El yucateco fue siempre de la opinión que la guerra debía hacerse sin cuartel. Entonces fue comisionado para dirigir las fortificaciones de la ciudad, y así lo hizo en Coyoacán, San Ángel y Churubusco. A pesar de las derrotas en cada uno de estos puntos, sus acciones complicaron el avance estadounidense. En Molino de Rey, Cano participó con gallardía, pero la retirada hacia el Castillo de Chapultepec era inevitable.

El 12 de septiembre, Cano sabía lo que iba a suceder en cuanto llegaran las tropas norteamericanas. Fue entonces cuando decidió alejar a su hermano de la batalla. Al siguiente día, el enfrentamiento fue épico. Cano no dejó de luchar un solo instante, incluso cuando todo estaba perdido. La bandera mexicana había caído en manos invasoras y ya se había anunciado la retirada cuando Cano recibió una herida mortal. Unas horas después de aquel 13 de septiembre de 1847, a los 32 años, moría en medio de la catástrofe de la guerra.

Sus restos fueron sepultados con todos los honores por el bando enemigo, que le reconoció su valor. Sin embargo, el mayor honor que podía recibir el nacido en Mérida fue el de haber luchado por su patria, salvado a cientos de sus paisanos, a su propio hermano, y haber entregado su vida en la defensa de su tierra.

# 44

## MARGARITO ZUAZO (¿?-1847)

El fulgor de la batalla era continuo. Durante varias horas, el ejército invasor golpeó a los defensores con el fuego de sus armas. El Molino del Rey, en la entrada a la capital, se convirtió en el escenario de una de las más escalofriantes batallas en la historia del país. La defensa de la edificación, que los estadounidenses creían contenía una fábrica de cañones y pólvora, era resoluta. Sin embargo, no había hombre, de un bando o del otro, que no supiera que era cuestión de tiempo para que las fortificaciones cayeran.

Los invasores estaban mejor armados. Pero del bando defensor estaban la gallardía y el orgullo. Ya los estadounidenses habían sido testigos de la ferocidad con que los mexicanos actuaron en batallas anteriores. Tan sólo unos días antes, el 20 de agosto, habían tenido problemas para tomar el Convento de Churubusco. La batalla de Molino del Rey, aquel 8 de septiembre de 1847, no iba a ser distinta.

La defensa había sido establecida y coordinada por el propio Santa Anna, que esperaba el ataque el día 7. Sin embargo, ante la falta de acciones del enemigo, decidió desguarnecer en la noche parte de la defensa hacia el sur de la Ciudad de México. Al día siguiente, el error sería evidente.

La batalla dio inicio desde temprana hora. El general Antonio León y los coroneles Lucas Balderas y Gregorio Gelati hicieron todo lo posible por contener la fortaleza de los enemigos. Durante varias horas, los hombres de ambos bandos comenzaron a caer. A nadie le quedaba duda que la entrada a la capital le costaría caro a los estadounidenses.

La victoria enemiga comenzó a materializarse en el transcurso del día. Héroes anónimos caían mientras otros continuaban en la lucha sin detenerse un solo instante. Uno de ellos tenía el nombre de Margarito Zuazo, del batallón Mina. "Era un mocetón arrucado y listo —escribió de él Guillermo Prieto—; a la hora de los pujidos, él estaba en primera; él era muy hombre". Y tan lo era que, a pesar de haber sido herido, bañado en sangre se acercó a tomar la bandera de su batallón que estaba a punto de ser tomada por los enemigos. Con la fuerza que le quedó, siguió combatiendo contra los invasores sin soltar un momento el estandarte. El fuego de las armas lo envolvía, y sin embargo logró llegar hacia uno de los edificios cercanos, donde se descubrió el pecho y enredó la bandera contra su cuerpo.

No olvidó su obligación y regresó al combate. Las bayonetas de los estadounidenses encontraron una vez más su cuerpo. Zuazo sólo protegía el pabellón sagrado y con debilidad se arrastró hacia la gloria. Ese héroe desconocido no deberá jamás quedar en el olvido.

## 45

## MANUEL DOBLADO (1818-1864)

Era joven e intrépido. Había nacido en San Pedro Piedra Gorda, un pequeño poblado guanajuatense, pero pronto se hizo conocido en toda la región gracias a su liderazgo e inteligencia. Habiéndose recibido de abogado, pronto sobresalió en el ámbito político. Fue así como, a los 28 años, Manuel Doblado fue electo gobernador de uno de los estados con mayor tradición en el país: Guanajuato.

A pesar del resultado electoral, se le negó la posibilidad de ocupar el cargo por no tener la edad mínima estipulada por la ley. Pero para Doblado aquello sólo representó la confirmación de que habría de seguir el camino de la política. Entonces se le declaró diputado. En 1847 se opuso al Tratado Guadalupe Hidalgo, que sellaba la cesión de la mitad del territorio nacional a Estados Unidos.

Años más tarde apoyó el Plan de Ayutla y obtuvo la gubernatura de su estado. Sin embargo, la vena liberal le obligó a renunciar en 1857 para unirse a la Guerra de Reforma. Su apego y respeto a la Constitución de ese mismo año se volvió fundamental para su carrera política en los siguientes años.

Doblado no fue un héroe de guerra. Actuó con valor en varias batallas de la Guerra de Reforma, pero sus capacidades se encontraban en la política. Por lo mismo, en 1861, Juárez lo nombró ministro de Relaciones Exteriores. La encomienda no sería sencilla, pero pocos hombres como Doblado para hacerle frente.

La situación era por demás complicada. La Guerra de Reforma había puesto al bando liberal en una situación precaria. El gobierno de Juárez requería dinero para poder salvar la victoria. Fue entonces que se tomó la complicada decisión de suspender el pago de la deuda extranjera. Poco tiempo pasó para que la lluvia que caía sobre el territorio nacional se convirtiera en tormenta.

Inglaterra, España y Francia pronto respondieron a la suspensión. Mandaron buques y amenazaron con intervenir el país en caso de que el gobierno de Juárez mantuviera su decisión. La soberanía estaba en peligro, y con esta idea en la mente, Doblado se entrevistó con los representantes de las tres potencias, en el poblado de La Soledad en Veracruz. Ahí logró disuadirlos de invadir suelo mexicano; además pudo convencerlos de reconocer al gobierno de Juárez y de iniciar negociaciones para el pago de la deuda. Sin embargo, Francia decidió no reconocer los acuerdos y lanzarse hacia lo que conocemos como la "Segunda Intervención".

No obstante, Doblado impidió una invasión de consecuencias catastróficas para el país. Fue reconocida su labor y se le designó ministro de Hacienda. Durante la huida del gobierno de Juárez hacia el norte, fue enviado a dialogar con el gobierno de Estados Unidos. En esa misión cayó enfermo y murió en 1865.

# 46

## IGNACIO DE LA LLAVE (1818-1863)

Se había acostumbrado a la rebelión. Desde los 26 años, su vena liberal lo impulsó a luchar contra el régimen de Antonio López de Santa Anna. No pasó mucho tiempo para que volviera al campo de batalla a pelear contra la invasión estadounidense en el estado que lo vio nacer: Veracruz. Después vino la Revolución de Ayutla y en Orizaba, su ciudad natal, se levantó en armas. La voracidad del tiempo en el que le tocó vivir le dio poco descanso, pues se mantuvo activo durante la Guerra de los Tres Años combatiendo a los conservadores. Pero ningún enemigo como el ejército francés del que ahora era prisionero.

Ignacio de la Llave era querido en su estado. El abogado ya había gobernado Veracruz en dos ocasiones, la primera de 1855 a 1856 tras el triunfo de la Revolución de Ayutla; y la segunda, varios años después, entre 1861 y 1862. Además de entablar leyes liberales, había decidido trasladar los poderes estatales hacia Jalapa.

Pero su popularidad era fuerte, incluso en los círculos políticos del centro del país. Su republicanismo había sido reconocido por Comonfort y Juárez, de cuyos gobiernos fue secretario de Gobernación en distintas etapas. Su trascendencia era tal que la cartera de Guerra y Marina también había sido suya de septiembre de 1860 a enero de 1861, antes de volver a su tierra.

La Intervención Francesa, sin embargo, fue un reto al cual no podía dar la espalda. Desde su gubernatura mandó fortificar el camino de Veracruz a Jalapa por donde habría de transitar el ejército invasor con severas dificultades. Sin embargo, la obligación de don Ignacio se encontraba no en la comodidad de la administración, sino en el ríspido camino de las armas. Por ello, se incorporó a las fuerzas de Jesús González Ortega, con quien participó en la defensa de Puebla en marzo de 1863. Sin embargo, la suerte parecía comenzar a cambiarle.

Pocos días después de la caída de Puebla (17 de mayo de 1863), De la Llave y González Ortega fueron capturados por tropas francesas. De inmediato, los invasores, conscientes de la importancia de ambos personajes, decidieron remitirlos hacia Orizaba, en donde tendrían mayor control sobre ellos. Poco sabían que llevarlos a esa tierra sería su peor error.

Llegados a tierras veracruzanas fueron auxiliados por pobladores para escapar. El ímpetu de De la Llave le convenció de alcanzar a Juárez y su gabinete en San Luis Potosí con el propósito de continuar la lucha. Sin embargo, la traición le acompañaba. Los miembros de su escolta, al ver en su posesión varias onzas de oro, decidieron asaltarle. Don Ignacio salió gravemente herido de aquel triste suceso. Aun así, aguantó el trayecto hasta la hacienda del Jaral, en Guanajuato. Pero la guerra contra la muerte estaba decidida. El 23 de junio de 1863, el notable veracruzano perdió la vida.

# 47

Habían pasado dos meses desde el inicio del sitio. Las bajas del bando enemigo habían sido muchas, pero de igual manera las bajas de los defensores eran muchas. Las provisiones escaseaban y fue entonces que el zacatecano tuvo que tomar una de las decisiones más complicadas de su vida: rendirse ante las fuerzas francesas. El sitio de Puebla, entre el 16 de marzo y 17 de mayo de 1863, le había costado caro al poderoso ejército francés. Sin embargo, al final, la victoria sería suya. "No puedo, señor general, seguir defendiéndome por más tiempo —le escribía González Ortega al francés Forey—. Si pudiera no dude V. E. que lo haría".

La toma de Puebla por el ejército galo fue dolorosa para las aspiraciones mexicanas. Sin embargo, las labores del jefe del Ejército de Oriente habían sido las adecuadas desde el primer instante, a pesar de que el resultado había sido la derrota y su propia aprehensión. Jesús González Ortega rechazó el indulto francés que le ofrecieron a cambio de dejar las armas para siempre. La pena por ello era el exilio en Francia, en donde lo esperaba una celda. No sabían los franceses que en Veracruz, apoyado por Ignacio de la Llave, lograría escapar y volvería de inmediato a luchar contra la intervención.

El zacatecano tenía ya luces de gloria. Durante la Guerra de Reforma, con incipientes conocimientos militares e incluso políticos, había logrado victorias importantes. De hecho, fueron sus tropas las que terminaron con la guerra al vencer a los conservadores en San Miguel Calpulalpan. Esta victoria, junto con el sitio de Puebla, lo han llevado al lado de los héroes de la patria.

Sin embargo, sus acciones no siempre estuvieron alejadas del egoísmo y la soberbia. Después de su escape, solicitó la renuncia a Juárez para que él, como presidente interino, celebrara un acuerdo con los franceses para poner fin a la ocupación militar. Su petición fue rechazada por el propio Juárez. Varias veces más, entre 1865 y 1868, quiso ocupar la presidencia, manifestándose contra el Benemérito de las Américas. Por ello, fue sometido a juicio bajo cargos de traición en un par de ocasiones sin que se le encontrara culpable. Harto por las negativas, se retiró en dos oportunidades hacia Estados Unidos. Fue en junio de 1868 cuando lanzó su último manifiesto. En éste, expresó su adhesión y reconocimiento al gobierno republicano encabezado por Benito Juárez.

Desde ese momento se retiró de toda actividad política y militar, y se estableció en Saltillo en donde pasaría sus últimos días. El 28 de febrero de 1881, el polémico héroe de Calpulalpan lanzó su último suspiro. Héroe y villano, descansa actualmente en la Rotonda de los Hombres Ilustres.

# 48

## SEBASTIÁN LERDO DE TEJADA (1823-1889)

La muerte de Benito Juárez retumbó en cada resquicio del país. Pero la pérdida afectó personalmente al jalapeño. A su lado había pasado los días más aciagos de la Guerra de Reforma y la Intervención Francesa. Habían sido compañeros de peregrinaje cuando la única opción que tenía la administración republicana para salvarse era huir hacia el norte. Y aunque había contendido contra él en las elecciones presidenciales en 1871, había aceptado con respeto y sumisión la reelección del Benemérito de las Américas. A la muerte de éste, todo el peso del poder ejecutivo cayó en Sebastián Lerdo de Tejada. Ser sucesor de uno de lo presidentes más emblemáticos en la historia de México no era tarea fácil. Lerdo de Tejada sacó entonces el tesón para servir a su patria.

Estuvo a punto de entregar su vida a la Iglesia, pero en el último minuto decidió comprometerla con las leyes. Se entregó a las ideas liberales y a la defensa de la Constitución de 1857. Llegado el momento, luchó contra la invasión francesa desde la tribuna política. Se convirtió pronto en uno de los más cercanos colaboradores de Juárez. Ocupó en su gobierno los ministerios de Justicia, Fomento e Instrucción Pública, así como la cartera de Relaciones Exteriores y Gobernación entre 1863 y 1868. Fue presidente de la Suprema Corte de Justicia, donde su conocimiento de las leyes lo hizo destacar y defender oportunamente al régimen juarista.

Así que si alguien estaba preparado para tomar el mando tras el deceso de Juárez, ése era Lerdo de Tejada. Su interinato habría de durar poco tiempo, pero en las siguientes elecciones, fue electo por unanimidad para la silla presidencial en 1872. Con ese apoyo, Lerdo de Tejada se dedicó a gobernar y pacificar el país tras tantos años de convulsión militar, y es que desde la Independencia, el país no había tenido un momento de descanso para establecer el ideario necesario para fortalecer al Estado-nación.

Durante su gobierno, elevó a rango constitucional las Leyes de Reforma, instaló la Cámara de Senadores e inauguró el ferrocarril México-Veracruz, que sirvió como símbolo de que México entraba por fin a la modernidad. Buscó la reelección en 1876 y aunque en los comicios se llevó la victoria de manera fraudulenta, Porfirio Díaz promulgó, bajo el lema "Sufragio Efectivo. No Reelección", el Plan de Tuxtepec que obligó a Lerdo de Tejada a salir del país.

Por años esperó un mejor momento para regresar y seguir su labor política en México. Sin embargo, el porfirismo había llegado para quedarse. En esa espera, en su residencia de Nueva York, Lerdo de Tejada perdió la vida. Su legado, sin embargo, yacía en las bases legales que el país habría de seguir por muchos años más.

# 49

## MIGUEL NEGRETE (1824-1897)

La noticia corrió como reguero de pólvora. Una nueva rebelión estaba por azotar al país. Aquel junio de 1879, los periódicos publicaban: "Si las revoluciones de los pueblos no son más que la esperanza de sus necesidades legítimas no satisfechas, la revolución de México no llegará a su fin mientras no se dé un gobierno que conozca esas necesidades y sea capaz de satisfacerlas". Era la letra de Miguel Negrete. El mismo que había brillado en la victoria del 5 de mayo de 1862. De ahí su trascendencia.

Si alguien sabía de rebeliones, ése era el poblano. Después de enfrentar valerosamente a los estadounidenses entre 1846 y 1848, se había unido a la Revolución de Ayutla contra el régimen de Antonio López de Santa Anna. Tomó el llamado de las armas al inicio de la Guerra de Reforma, aunque lo hizo del lado de los conservadores bajo el mando de Miguel Miramón. Con él obtuvo victorias importantes y derrotas catastróficas como la del 22 de diciembre de 1860, que dio fin a la guerra a favor de los liberales.

Por sus servicios anteriores y sus conocimientos, fue amnistiado y desde entonces se mantuvo en las filas liberales. Fue por esos tiempos que la Intervención Francesa caló en el alma nacional. Desde el primer instante, Negrete defendió el honor patrio. Luchó contra el ejército galo en las Cumbres de Acultzingo el 28 de abril de 1862, donde a pesar de que las bajas del enemigo fueron muchas, hubo la necesidad de replegarse para esperarlos en mejor sitio: la ciudad de Puebla.

El 5 de mayo siguiente, Negrete fue encomendado para defender el Fuerte de Loreto. Era, sin duda, uno de los puntos principales por los que el ejército francés trataría de apoderarse de la ciudad. Tras un bombardeo tan fuerte como inútil, las tropas francesas decidieron comenzar su ataque. Negrete logró que sus hombres, después de algunas horas, replegaran al enemigo. A su lado, un antiguo enemigo, Felipe Berriozábal, apoyó la defensa. Ambos, unidos por la defensa de la patria, olvidaron cualquier enfrentamiento anterior. Negrete había convencido a todos de que su compromiso con la nación era superior a cualquier ideología. "Yo tengo patria antes que partido", había dicho alguna vez.

Después de aquella gloria, fue ministro de Guerra con Juárez. Sin embargo, unos años después, se sublevó contra él en dos ocasiones sin éxito. En una de ellas, fue hecho prisionero y se ordenó su fusilamiento. Pero Porfirio Díaz lo perdonó por sus servicios anteriores. Más tarde, apoyaría el Plan de la Noria y de Tuxtepec junto al oaxaqueño.

Aquel 1879 la amistad estaba perdida. El levantamiento en contra de Díaz, sin embargo, no habría de durar mucho tiempo. Fue rápidamente derrotado y aunque continuó sublevándose, no llegó nunca más a ocupar un puesto de honor.

# 50

## MARIANO ESCOBEDO (1826-1902)

Cuando se enteró de la entrada del ejército estadounidense a suelo mexicano, tomó la decisión que habría de dirigir su vida para siempre. Apenas tenía 20 años, pero ya era un jinete ejemplar. Pocos como él conocían los caminos del norte del país. Desde pequeño había ayudado a su padre a llevar ganado por esas veredas. Nunca se imaginó que, al enlistarse como soldado raso para luchar contra la invasión estadounidense, comenzaría a forjar una de las más ilustres carreras militares.

Durante la invasión, participó destacadamente en varias refriegas, pero la que mayor atención le otorgó fue la de la Angostura, donde hasta el ejército enemigo se vio sorprendido por sus hazañas. Escobedo hizo prisioneros a 37 hombres en la acción del Cañón de Santa Rosa. Quienes lo vieron en aquella ocasión supieron que aquel joven tenía un largo y próspero futuro. En especial en un país donde la forma de dirimir desacuerdos ideológicos, políticos, religiosos y sociales era por medio de las armas.

Por conciencia fue liberal. Por ello, durante la Revolución de Ayutla se unió a la lucha contra el régimen santannista. Fue en su ciudad natal, Galeana, donde en 1855 encontró a los hombres que irían con él hacia la libertad. Su paso por el sur de Nuevo León fue exitoso y replegó a los conservadores hacia Saltillo donde impuso el orden liberal.

Para cuando dio inicio la Guerra de Reforma (1858-1861) entre liberales y conservadores, Escobedo era ya un reconocido militar. Enfrentó en el centro del país a destacados militares, como Miguel Miramón, el azote de los liberales, y venció a la mayoría, incluido este último, en distintas batallas en Zacatecas, Guanajuato y San Luis Potosí. Quizá su derrota más sensible fue la que sufrió en Irapuato frente a Adrián Woll.

Pero su fama y heroicidad serían realmente reconocidas durante la Intervención Francesa. Por segunda ocasión, el neoleonés se lanzó en defensa de su patria. Su aplaudida participación en la batalla del 5 de mayo de 1862 le valió el ascenso a general brigadier. Varias fueron las acciones de Escobedo contra los franceses y en todas destacó por su coraje, inteligencia y decisión. Ello le llevó a participar en el sitio de Querétaro en 1867. La toma de esa plaza fue el tiro de gracia al imperio de Maximiliano.

A pesar de haber ocupado en varias ocasiones la gubernatura de Nuevo León y San Luis Potosí, ser ministro de Guerra e incluso diputado, su verdadero legado se encuentra en las batallas que tan destacadamente libró en contra de conservadores y enemigos extranjeros. Su participación en cada una de ellas fue definitiva para el triunfo de unos y derrota de otros. Murió en 1902 ocupando una curul desde la que se oponía al régimen de Porfirio Díaz.

# 51

## EPITACIO HUERTA (1827-1904)

"Era mi deber defender la Patria y la causa santa de sus leyes; y así lo hice —escribiría en sus memorias—. Era mi deber preferir, en el destierro, el hambre a la deshonra, el dolor a la ignominia; y con dignidad, y aún con placer, los preferí". El general había luchado contra el mejor ejército del mundo, el francés, y había sido derrotado. El castigo que tuvo que pagar por la defensa heroica de su patria fue muy caro. Y aun así, lo enfrentó con estoico carácter.

Epitacio Huerta era un reconocido militar que había entrado a la lucha ideológica durante la Revolución de Ayutla. Peleó contra Antonio López de Santa Anna en Jalisco y Michoacán, en donde estableció, con éxito, su centro de operaciones. Fue por ello nombrado comandante militar y gobernador de Michoacán. Las ideas liberales le convencían y peleó contra los conservadores en la Guerra de Reforma. Sin embargo, su mayor enemigo habría de provenir del exterior. Al inicio de la Intervención Francesa, habían pocos militares más decididos a desterrar a los invasores que Epitacio Huerta.

Estuvo en varias de las batallas más importantes de la época; sin embargo, la que habría de marcar su vida para siempre sería el sitio de Puebla de 1863. Tras varios meses de sacrificio y coraje, cayó la plaza y lo aprehendieron. Se le ofreció un indulto a cambio de dejar las armas, lo cual rechazó tajantemente. Su castigo sería el exilio en Francia. Huerta era tan sólo uno de varios militares que no pudieron escapar en el camino de sus captores y que el 23 de julio fueron conducidos al país europeo.

En Francia, los prisioneros fueron intimidados en varias ocasiones para firmar un documento de sumisión al imperio francés. De los más de 500 soldados que llegaron al país galo, sólo 123 se negaron a firmarlo. Por supuesto, Epitacio Huerta, quien era el jefe de los prisioneros, estaba entre ellos. Por un año, pasaron penas y humillaciones. No contaban con recursos para subsistir más que los que enviaban algunos mexicanos. Fue entonces cuando recibió la noticia que los prisioneros podían salir con libertad de Francia. El gobierno de Napoleón III, sin embargo, sólo pagaría el transporte a los que habían firmado la hoja de sumisión.

Huerta, desde ese momento, buscó por todo París los medios para pagar el transporte de sus compañeros leales a su patria. Para el 11 de julio, los recursos no eran suficientes. El gobierno francés decidió que, de no salir en las siguientes 24 horas, los combatientes mexicanos serían reducidos a prisión. Huerta decidió que viajaran a España. Sin embargo, el camino hacia la patria se veía aún lejano.

Pidió recursos a todo el mundo. Solicitó auxilio de los hombres más acaudalados de México, la mayoría de quienes, temerosos del castigo de los franceses, dieron poco o nada. Los alimentos comenzaron a escasear a los prisioneros en libertad.

El año de 1864 trascurrió sin que se viera una solución próxima al problema. Por si fuera poco los prisioneros comenzaron, además, a tener problemas con algunos prestamistas a quienes habían pedido dinero para comer. Aunque la desesperación hacía presa de los mexicanos, Huerta siempre mantuvo ecuanimidad y liderazgo para resolver los problemas conforme se iban presentando. Sin embargo, su frustración por no ver llegar la ayuda, a pesar de poner su nombre como promesa de pago o sus propias tierras a la venta, fue creciendo conforme se acercaba diciembre.

En los primeros meses de 1865 olvidó toda posibilidad de que los recursos oficiales auxiliaran a los leales mexicanos. Contactó entonces a uno de sus socios en México, Manuel Terreros, quien pronto aceptó donar la mitad de los gastos. El propio Huerta, de su bolsillo y de algunos donativos de otros mexicanos, puso el dinero restante. El 26 de febrero Huerta les decía a los prisioneros: "Partid al suelo patrio, buscad en el campo del honor nuevas glorias, sostened con bravura el pabellón nacional". Los prisioneros salieron de Europa el 27 de febrero siguiente. La misión más complicada y patriota de Huerta había sido cumplida.

Hubiera sido más sencillo firmar el documento de sumisión. Los traidores a la patria llegaron al país al poco tiempo de su firma; pero pisaron suelo mexicano deshonrados. Huerta y los demás oficiales prefirieron el hambre a la deshonra.

# 52

## FELIPE BERRIOZÁBAL (1829-1900)

Aquel 5 de mayo, la batalla de su vida estaba por comenzar. No era nuevo en el arte de la guerra y su experiencia habría de jugar, como en anteriores ocasiones, a su favor. Enfrentaba una tarea dura y complicada, desde la posición que el general Ignacio Zaragoza le había ordenado defender. Sin embargo, todo estaba dispuesto para que ese día, la victoria contra el ejército más poderoso de aquellos tiempos fuera de los mexicanos. Al menos eso era lo que deseaba el zacatecano Felipe Berriozábal.

Como a muchos militares, la Intervención Francesa lo había sorprendido mientras se batía contra los conservadores. Desde varios años atrás, no había tenido momento de descanso. Había abandonado los estudios para ir a pelear contra los invasores estadounidenses en los años de 1846 a 1848. Inmediatamente después regresó a la Escuela Nacional de Ingenieros para terminar sus estudios, lo que efectuó con éxito en 1849. Pocos años tuvo para ejercer su profesión, pues la Revolución de Ayutla le exigió su atención. De inmediato sobresalieron las dotes militares de Berriozábal en la rebelión en contra de Santa Anna, al tomar Toluca en 1856.

Sin embargo, fue durante la Guerra de Reforma cuando alcanzó su esplendor militar. Fue especial su victoria en Celaya, el 17 de mayo de 1860, después de tres horas de ataque y las tomas de Guanajuato y Toluca unos meses más tarde. A pesar de ello, también aprendió de las derrotas en la misma ciudad mexiquense y en el Templo del Carmen en donde fue hecho prisionero, tan sólo para escapar unos días después.

Así que aquel 5 de mayo, su experiencia lo hizo brillar. Apenas contaba con mil hombres y con ellos tenía que defender los fuertes de Loreto y Guadalupe, que dominan el paisaje poblano. Las tropas francesas, confiadas, emprendieron el ataque hacia aquellos puntos. Al principio, la victoria gala parecía segura. Pero el tiempo demostró a los invasores que no se enfrentaban a un ejército ordinario. Con fortaleza y coraje, los mexicanos respondieron la acción. Sólo pasaron unas horas para que los franceses se dieran cuenta de que pasar por esos reductos sería imposible. Con grandes pérdidas, el ejército mejor preparado del mundo comenzó su retirada. Los fuertes de Loreto y

Guadalupe estaban destinados a permanecer de pie bajo la gloria mexicana.

Aquella victoria del 5 de mayo de 1862 fue en gran parte gracias a los valerosos hombres comandados excelsamente por Felipe Berriozábal. Y aunque después fuera ministro de Guerra durante los regímenes de Juárez, Iglesias y Díaz, fuera nombrado comandante militar de Coahuila, Nuevo León y Tamaulipas, jefe del Ejército Mexicano y gobernador del Estado de México, es aquella gloria la que ha hecho memorables las andanzas del pródigo zacatecano.

# 53

## IGNACIO ZARAGOZA (1829-1862)

Su puesto en el gabinete de Juárez como ministro de Guerra, aunque importante, le imposibilitaba realizar lo que él sentía era su obligación: combatir cara a cara contra el enemigo. Nadie dudó que su decisión de renunciar estaba basada en su patriotismo. De inmediato, el nacido en Texas, cuando ésta aún era parte de México, tomó el mando del Ejército de Oriente para combatir contra los franceses.

El primer contacto con los invasores fue esperanzador. Aquel abril de 1862, en las Cumbres de Acultzingo, 500 franceses perdieron la vida. Sólo 50 bajas mexicanas se contaban del lado de Zaragoza. Sin embargo, era muy pronto para repicar campanas. Nadie sabía mejor que él que la verdadera victoria estaba aún muy lejos. Fue entonces cuando decidió retirarse hacia Puebla, en donde establecería su centro de operaciones.

La experiencia de Zaragoza era grande. Había combatido, en el bando liberal, en la Revolución de Ayutla, y durante la Guerra de Reforma había confrontado y vencido a Tomás Mejía, Miguel Miramón y Leonardo Márquez en distintas partes del país. Participó en la batalla de Calpulalpan, que puso fin a la guerra a favor de los liberales en 1860. Así que aunque se encontrara en suelo conservador, Zaragoza encontró el modo de organizar a su ejército para hacer frente a lo que venía.

Entre los días 3 y 4 de mayo, Zaragoza mandó fortificar los cerros de Guadalupe y Loreto. Al final del último día, los invasores se encontraban ya en posición de ataque. No podía haber lucha más desigual. Frente a las tropas de Zaragoza se encontraba el ejército mejor preparado del mundo. Los mexicanos, 7 mil, sólo contaban con su valor. "Nuestros enemigos —le dijo a la tropa al amanecer del día 5— son los primeros ciudadanos del mundo, pero vosotros sois los primeros hijos de México y os quieren arrebatar vuestra patria".

Aquel 5 de mayo, México conquistó la gloria de la mano de Zaragoza. La batalla duró todo el día sin que hubiera un ganador. Pero luego, poco antes del anochecer, el ejército francés comenzó la retirada. Zaragoza ordenó su persecución. La victoria había sido mexicana.

Nunca una derrota fue tan sentida por el afamado ejército francés. De inmediato, el gobierno condecoró a Zaragoza por aquella hazaña, y fue llamado "Héroe de la Libertad y Prócer de la Batalla de Puebla". No disfrutó su fama por mucho tiempo. En septiembre del mismo año, fue asaltado por el tifo. No logró vencer en aquella contienda. El 8 de septiembre, el héroe dio su último suspiro. Su recuerdo, sin embargo, permanecerá por siempre.

# 54

## FRANCISCO ZARCO (1829-1869)

"Del favor de la providencia y del patriotismo de los mexicanos, esperamos que al verse libres del yugo que los oprimía, sepan con cordura y con decisión salvar su patria y acentuarse sobre bases sólidas la libertad", escribió al triunfo de la Revolución de Ayutla en el periódico *El Siglo XIX*, del cual era editor. Tenía 26 años y era ya considerado una de las plumas más certeras de todo el país.

Su historia era admirable. Nacido en Durango, apenas había contado con algunos estudios durante su juventud en la Ciudad de México. Sin embargo, Francisco Zarco era un aguerrido autodidacta. Su memoria impactaba a quienes lo conocían y poseía un talento para los idiomas y las letras.

Tan sólo contaba con 14 años cuando entró a la Secretaría de Relaciones Exteriores como traductor —dominaba el inglés, francés e italiano—. Tres años más tarde, su inteligencia y erudición lo impulsaron a la secretaría del Consejo de Gobierno. Unos meses después, fue designado oficial mayor de la Secretaría de Relaciones Exteriores. Apenas cumplía la mayoría de edad y su carrera política ya era envidiable. Para Zarco, el cielo era el límite.

Pero su verdadera pasión fue siempre el periodismo. Desde muy joven comenzó a escribir en diversos periódicos del país. Creía en las ideas liberales y se convirtió en uno de los principales periodistas políticos de México. No hizo de menos la crónica, pero fue en la columna política donde impuso su estilo combatiente y veraz. Desde las páginas de *El Demócrata* y *El Siglo Diez y Nueve* promulgaba el liberalismo. En sus artículos emprendió la lucha contra el centralismo durante la Revolución de Ayutla, y contra el conservadurismo en tiempos de la Guerra de Reforma.

"Demos libertad en todo, para todo y para todos", señalaba Zarco cuando le tocó ser diputado en el Congreso Constituyente de 1856 a 1857. Su participación en la formulación de la Carta Magna resultó fundamental. Defensor de la educación popular, la libertad de prensa y expresión, la igualdad, la democracia y los derechos populares e indígenas, también hubo de sufrir persecución, encarcelamiento y torturas por sus escritos, aunque siempre salió fortalecido de estos trances. No obstante, su salud comenzó a deteriorarse con rapidez.

En los cuarenta años que vivió, Zarco se convirtió en el escritor liberal más importante del país. Su amor por la escritura le llevó a incluso renunciar a grandes puestos políticos. Benito Juárez lo invitó a formar parte de su gabinete en Gobernación y Relaciones Exteriores, pero rechazó ambos puestos para seguir con su labor periodística. El héroe de la pluma liberal murió muy pronto, pero sus escritos siguen siendo base fundamental para entender al México de aquel entonces.

# 55

## JOSÉ MARÍA ARTEAGA (1827-1865)

Era una decisión complicada para un hombre que había aprendido a respetar la disciplina del ejército. Desde muy joven, empeñó su lealtad a los mandos militares. Sin embargo, su corazón no dejaba de decirle que estaba en el lugar equivocado. Así que tomó la decisión, después de actuar valerosamente bajo las órdenes del santannista Félix Zuloaga en la capitulación de Nusco, de unirse a las filas de Juan Álvarez y luchar, de ahí en adelante, a favor de las ideas liberales y republicanas.

José María Arteaga provenía de una familia humilde. Desde muy joven se había enlistado en el ejército y en tan sólo cinco años logró asecender a capitán. Una vez dentro de las filas liberales, su presencia resultó fundamental ante la adversidad de los tiempos. Más adelante luego de combatir en Colima y Jalisco, bajo las órdenes de Ignacio Comonfort en Colima y Jalisco, fue ascendido a coronel.

Aun y cuando su terreno era el campo de batalla, fue designado gobernador de Querétaro, en donde aplicó sus ideas liberales. Sin embargo, durante la Guerra de Reforma dejó la política para retomar las armas. Con eficiencia dirigió la campaña militar en Michoacán, derrotando en diversas ocasiones al ejército conservador.

Al término de la guerra, en 1860, Arteaga regresó a su responsabilidad civil y ocupó de nueva cuenta la gubernatura de Querétaro. Sin embargo, como en la ocasión anterior, un nuevo enemigo solicitaba su presencia. En esta ocasión se trataba del ejército francés, que se había internado en suelo mexicano. Enfrentó a los galos en Barranca Seca y en Acultzingo, en donde resultó gravemente herido. Sólo por esa causa se trasladó a Morelia y en cuanto mejoró lo suficiente, ofreció a Juárez sus servicios para retomar la lucha. Todos sus ánimos estaban en seguir luchando en aras de la independencia del país.

En 1864 fue nombrado gobernador de Jalisco, pero también dejó el cargo para ir a luchar en el Ejército del Centro, del que tiempo después sería jefe. Sus victorias contra los invasores lo llevaron a convertirse en general de división. Peleó en reiteradas ocasiones contra franceses y conservadores, hasta que fue hecho prisionero. Su ejecución era inevitable. "Mi único crimen —escribió a su madre antes de su muerte— consiste en haber peleado por la independencia de mi país, por esto me fusilan; pero el patíbulo, madre mía, no infama, no al militar que cumple con su deber y con su patria". Finalmente, en Uruapan, Michoacán, el 21 de octubre de 1865, fue fusilado uno de los más valerosos defensores de la libertad.

# 56

## NICOLÁS ROMERO (1827-1865)

Fue un jinete excepcional. Recorría las veredas de los estados de México, Michoacán y Guerrero cual si hubiera nacido guerrillero. Su instinto le ayudaba a desaparecer cuando no quería ser visto y a atacar cuando nadie lo esperaba. Era una calamidad para el enemigo, que veía burlados todos sus intentos para capturarlo. El hidalguense jamás recibió instrucción militar, y sin embargo las tropas del mejor ejército del mundo se vieron incapaces de frenar las escaramuzas de Nicolás Romero, "El león de las montañas".

Sus manos estaban hechas para el trabajo duro. Su jornada laboral comenzaba muy temprano y terminaba tarde. Así es la vida de quienes tienen que trabajar para mantener a sus familias día con día. Desde joven tuvo la oportunidad de trabajar en la pujante industria textil que se desarrollaba en la Ciudad de México. Como textilero, gozó de cierta tranquilidad económica, aun y cuando no pudo ascender dentro de las clases sociales. Nicolás Romero luchaba por vivir al día. En varias ocasiones, de acuerdo con las ondulaciones de la economía nacional, cambiaba de empresa. Llegó incluso a trabajar en fábricas en el entonces lejano poblado de Tlalpan. En otras se dedicaba a la agricultura. Así que cuando tuvo la oportunidad de servir a su patria, con la fortaleza de los justos, no dudó en hacerse a las armas.

Sus ideales eran republicanos y patriotas. No contaba con experiencia en las armas cuando se unió al grupo de Aureliano Rivera durante la Guerra de Reforma. Fue ahí donde aprendió la táctica y estrategia de la guerra de guerrillas. Sus operaciones tuvieron gran éxito y fueron de mucha importancia para la causa liberal. Con esa experiencia, Romero comenzó a forjarse como hombre, como guerrillero y héroe.

Cuando supo que un invasor extranjero pretendía controlar el país, no dudó en enfrentarlo. De inmediato se unió a las tropas de Vicente Riva Palacio y a su lado participó en las campañas de Michoacán, Guerrero, Querétaro y el Estado de México. Una y otra vez consiguió sorprender a las tropas francesas. Muy pronto, Romero se convirtió en uno de los enemigos más peligrosos del imperio de Maximiliano de Habsburgo.

Los franceses lo buscaron exhaustivamente. Durante días y meses siguieron su huella sin poderlo capturar, hasta aquel fatídico día en que se enfrentó al ejército imperial en la cañada de Papanzidán, en el estado de Michoacán. Después de una fuerte batida, Romero fue hecho prisionero y conducido a la Ciudad de México en donde se le juzgó. La sentencia era de todos conocida y fue fusilado el 11 de marzo de 1865 en la plazuela de Mixcalco.

# *57*

## FLORENCIO M. DEL CASTILLO (1828-1863)

Eran tiempos complicados. Desde la redacción del periódico *El Monitor Republicano* se defendían ideologías y creencias que ponían en peligro la vida de columnistas y editores. La libertad de expresión tan sólo era un sueño y una bandera de batalla. Es por ello que Florencio María del Castillo, a pesar de los pesares, continuó defendiendo ardientemente el liberalismo. Poco a poco, varios de los intelectuales de la época y compañeros suyos comenzaron a ser asesinados. Ser periodista implicaba un riesgo terrible. Del Castillo, a quien el asesinato de Francisco González Bocanegra había afectado sobre manera, sólo alcanzó a murmurar: "No será mi fin más lisonjero".

Era inteligente, bien educado y apacible. Había estudiado Filosofía en el Colegio de San Ildefonso, aunque las letras eran su eterna pasión. Desde joven escribía noveletas que él mismo encuadernaba. Muy temprano enfrentó la pérdida de su padre, tras la cual se volvió sombrío y ensimismado. Las ideas liberales lo entusiasmaron y la curiosidad política lo lanzó a la acción. Sus escritos políticos, su mejor arma contra los conservadores, no fueron del agrado de Ignacio Comonfort, quien desde 1857 lo mandó perseguir y encarcelar. Con el triunfo de la Revolución de Ayutla, Florencio logró la gracia de la retribución y le fue concedida una diputación en el Ayuntamiento de la Ciudad de México de 1857 a 1861.

Decía no poder escribir con comedia: "yo soy el traductor de los dolores del pueblo", solía decir. Sus cargos políticos no le arrebataron la abnegación ni la humildad. Pero la Intervención Francesa le quitó todo arrebato de timidez y junto con su hermano José María, salió de la ciudad para luchar contra el invasor. Con la pluma y con las armas, continuó amenazando a los galos, a los conservadores y al imperio por venir.

Era un enemigo del orden impuesto. Por ello fue arrestado por los franceses el 2 de agosto de 1863 y enviado a San Juan de Ulúa. Allí, en la prisión más temible de todo el país, enfermó de fiebre amarilla. A las pocas semanas, su agonía era insoportable. Fue llevado al hospital de Veracruz, en donde perdió la vida el 27 de octubre de 1863.

Fue un gran escritor de novela corta y cuentos. Su férrea lucha contra los conservadores y los invasores, por medio de las armas y de la pluma, lo convirtieron en uno de los héroes intelectuales de mayor importancia durante la época de la Reforma y de la Intervención Francesa. Su muerte, en completa soledad, sólo puede equipararse con el dolor de los mártires que luego se convierten en leyenda.

# 58

## IGNACIO R. ALATORRE (1831-1899)

Luchaba hombro a hombro contra los que, años antes, habían sido sus enemigos. Su experiencia militar era respetada sin importar ideologías y a pesar de las divergencias. La presencia de un enemigo extranjero en suelo nacional unió a aquella generación de militares que tiempo atrás se despedazaba entre sí. El sonorense se entregó a la lucha contra el invasor francés como antes se había entregado a la defensa del conservadurismo bajo el mando de Leonardo Márquez y Miguel Miramón. Ahora peleaba bajo las órdenes de Ignacio Zaragoza y luchaba hombro a hombro con Jesús González Ortega, Miguel Negrete y Felipe Berriozábal. Antes la patria que cualquier ideología partidista.

Durante la batalla de las Cumbres de Acultzingo, demostró su valor una vez más, y con disciplina se replegó hacia la ciudad de Puebla en donde se fraguaba la verdadera lucha. Aquel 5 de mayo de 1862 le tocó dirigir la "Brigada Alatorre" al mando de Negrete, cuya encomienda era proteger el Fuerte de Loreto. La heroicidad de aquel día y, muy en especial de su columna, provocó que el ejército francés no tuviera más opción que replegarse. La victoria mexicana, ésa que ha pasado a la historia como una de las más grandes, había sido lograda gracias a la fortaleza de muchos hombres que lucharon sin temor a perder la vida en la refriega. Uno de esos hombres fue el sonorense Ignacio R. Alatorre.

Volvió a mostrar su valía durante el sitio de Puebla en 1863 cuando, junto con González Ortega, mantuvo la ciudad por dos meses a pesar de las notorias desventajas. Y de igual forma que Ignacio de la Llave, fue hecho prisionero a la caída de ésta. Sin embargo, logró escapar en el camino hacia Veracruz. Su lucha contra los invasores franceses fue continua y valerosa, defendiendo el puerto de Veracruz hasta 1866, cuando se vio obligado a capitular. Continuó la batalla, al lado del Ejército de Oriente, al mando de Porfirio Díaz, y consiguió importantes victorias en Puebla y la capital de la república. Desde entonces, se alió al gobierno liberal de Benito Juárez, a quien defendió años después contra el Plan de la Noria que Díaz promulgó en 1871. Luchó tambien contra el Plan de Tuxtepec, defendiendo el gobierno de Lerdo de Tejada en 1876. Fue derrotado en la batalla de Tecoac el 16 de noviembre del mismo año, tras la cual dio inicio el Porfiriato.

Más adelante obtuvo puestos militares y administrativos de importancia, como ministro plenipotenciario en Centroamérica y Europa. Sin embargo, sus días de gloria, sin lugar a dudas, fueron aquéllos en que combatió al invasor francés. Fue en esos años que su historial conservador fue borrado por los servicios prestados a nombre de la independencia de la patria.

# 59

## JUAN A. MATEOS (1831-1913)

Guardaba cada batalla en su memoria o en los papeles suel-
tos en donde siempre escribía algún comentario o recuerdo
que no quería se perdiera con el tiempo. En el campo de
guerra se batía como si el fuego y el coraje dieran sentido a
su vida. Pero el capitalino Juan Antonio Mateos era mucho
más. Aquel 1854 había interrumpido su carrera de Leyes
en el Colegio San Juan de Letrán de la Ciudad de México
para luchar a favor de sus ideas liberales. El deber le había
llamado a las armas, pero estaba seguro de que regresaría a
la senda del conocimiento.

Así lo hizo en el momento en que la guerra se inten-
sificaba. Aunque su participación en los campos liberales
había sido trascendental, el destino le tenía marcadas nuevas y más importantes tareas. No por ello dejó de participar en grandes batallas, más aún después de enterarse de
que su hermano Manuel había sido fusilado por órdenes
del general conservador Márquez. Mateos no encontró
consuelo hasta terminada la Guerra de Reforma, cuando

por fin tuvo tiempo de escribir lo que había vivido como combatiente.

Sin embargo, aquella tranquilidad le duraría poco, pues la Intervención Francesa lo obligó a enfrentar a un nuevo enemigo. Esta vez su trinchera sería las de las letras. Por medio de varios artículos atacó la ocupación francesa y al llamado Segundo Imperio. Fue por uno de sus artículos, publicado en *La Orquesta*, que Mateos fue encarcelado.

La prisión no lo hizo cambiar de ideas. Una vez en libertad, volvió al ataque, esta vez criticando duramente el proyecto de colonización de Sonora. Ésta vez su castigo fue el destierro en San Juan de Ulúa y, meses más tarde, en Yucatán. Fue entonces que Mateos decidió volver a las armas. Con algo de fortuna logró ponerse a las órdenes de Porfirio Díaz, a cuyo lado luchó exitosamente en contra de las tropas invasoras. Mateos fue testigo y partícipe de la derrota final del imperio de Maximiliano y vio al poder republicano y progresista, en la figura de Benito Juárez, tomar las riendas del país. El capitalino no podía más que enorgullecerse de ello.

No descansó y siguió escribiendo, contando sus recuerdos de lo que había sucedido en el país y dejando crónicas fidedignas para la posteridad. Juárez le reconoció su aporte nombrándolo ministro de la Suprema Corte de Justicia. El abogado fue además diputado y director de la Biblioteca del Congreso, pero fue el soldado y el escritor el que ha pasado para siempre a la historia.

# 60

## VICENTE RIVA PALACIO (1832-1896)

No era sencillo detener a los soldados. Eran campesinos, rancheros, sin educación ni disciplina militar que gozaban una paga miserable por exponer su vida. No era extraño que acabaran convertidos en salteadores y ladrones en cada pueblo al que llegaban. Desquitaban su frustración con los que tomaban prisioneros. La gran mayoría desconocía los ideales por los que luchaba. Al parecer lo único que los contenía era la lealtad hacia su jefe. Fue por ello que el zacatecano Vicente Riva Palacio se esforzó durante sus años militares por profesionalizar a sus huestes.

Riva Palacio creía en el poder de las palabras más que en el de las armas. Abogaba por el trato humanitario al enemigo. Fue por ello que, durante la Intervención Francesa, prefirió en varias ocasiones canjear prisioneros en vez de fusilarlos. Gracias a esto el Ejército del Centro, que estaba a su mando, fue reconocido como fuerza beligerante, sujeta al derecho de la guerra. El propio Maximiliano ordenó a su general Bazaine que, en el caso de que Riva Palacio cayera prisionero, se le conduciría a México y no se le pasaría por las armas.

El nieto de Vicente Guerrero llevaba inscrito el liberalismo en la frente. Había estudiado Leyes y conocía los vericuetos de la política. Sin embargo, cuando hubo que luchar contra el invasor, no dudó en organizar una guerrilla y unirse al general Zaragoza en 1862. Fue gobernador del Estado de México y de Michoacán antes de tomar el mando del Ejército del Centro. Tiempo después participó en la toma de Toluca y en el sitio de Querétaro en 1867.

El general Riva había cumplido con las armas y su actividad desde entonces se concentraría en el ámbito de las letras, la diplomacia y la política. Publicó *El Ahuizote* en 1874, desde donde atacó la labor del entonces presidente Sebastián Lerdo de Tejada. También escribió en *La Orquesta* y *El Monitor Republicano* en donde promulgó su apego a los derechos humanos, la libertad y las garantías individuales. En 1884 fue enviado a prisión por oponerse al presidente Manuel González, lo que aprovechó para dar paso a su faceta de historiador al escribir en prisión el segundo tomo de su *México a través de los siglos.* En los siguientes años fue magistrado de la Suprema Corte y ministro de México en Madrid, donde murió el 22 de noviembre de 1896.

El militar, político, abogado, novelista, cuentista, dramaturgo, ensayista, articulista, crítico, orador, diplomático, liberal, republicano, humanitario zacatecano ha pasado a la historia por su temple y lucha social. Nunca un héroe tan completo, tan muchos héroes a la vez.

# 61

## JERÓNIMO TREVIÑO (1836-1914)

Su destino se encontraba en las armas. Como si hubiera nacido expresamente para ello, sus habilidades militares fueron desde el primer instante admiradas y temidas. Sus victorias durante la Guerra de Reforma, la Intervención Francesa y las rebeliones de la Noria y Tuxtepec le habían granjeado el camino hacia la honorabilidad en el país. Su trayectoria era reconocida por todos, excepto por Porfirio Díaz, amo y dueño del país a fines del siglo XIX. El neoleonés tuvo entonces que alejarse de la vida pública y desde 1884 comenzó a formar en la capital de Nuevo León un emporio industrial y económico.

Era militar de cepa, pero quiso ser político. Fue electo gobernador de Nuevo León en 1867 y después fue reelecto en 1869. No sabía más que defender lo que creía suyo, aunque fuera mediante la fuerza. Es por ello que en 1871 fue electo por tercera ocasión, aun y cuando no contaba con los votos suficientes. Jerónimo Treviño, todo el mundo lo sabía, era un hombre de cuidado.

Su experiencia con la milicia databa de mucho tiempo atrás. La Guerra de Reforma lo incitó a unirse al ejército, enlistándose como alférez con los Lanceros de San Luis el 15 de enero de 1858. Un año y varias batallas exitosas después fue ascendido a capitán.

Durante la Intervención Francesa, Treviño estuvo presente en varias de las batallas más importantes, como el sitio de Puebla de 1863. Bajo las órdenes de Porfirio Díaz y Mariano Escobedo militó en el Ejército de Oriente. Más adelante, cuando Escobedo fue llamado a organizar el Ejército del Norte, Treviño lo siguió. Para 1867, había luchado y vencido a los principales conservadores, distinguiéndose en las batallas de Santa Gertrudis y Santa Isabel, y pronto fue ascendido a general de brigada.

Al triunfo de la república, ocupó la comandancia militar en México, cargo que dejó por la política, ya que le esperaba la gubernatura de su estado natal.

Quiso ser político, pero fue terrateniente. A pesar de haber luchado a su lado y de combatir en las revoluciones de Tuxtepec y La Noria, Porfirio Díaz lo hizo a un lado. Treviño entonces se hizo concesionario de ferrocarriles, invirtió en empresas mineras y ganaderas. Además, incitó la inversión extranjera en su estado. A él se debió, en parte, el inicio del auge económico regiomontano a finales del siglo XIX.

Jerónimo Treviño luchó por su país y por sus ideales. Sin embargo, estos últimos pesaron en ciertos momentos más que su patriotismo. Murió deseando la presidencia un 14 de noviembre de 1914. Es recordado por su excelencia militar en aras de los liberales, por su lucha contra los franceses y por el impulso económico que brindó a Monterrey.

## 62

. NIÑOS HÉROES (1847)

Fueron cientos de mexicanos los que aquel 13 de septiembre de 1847 lucharon en el nombre de la patria contra el invasor. Los cañonazos y las balas retumbaban por todo el Castillo de Chapultepec. La sangre mexicana se derramaba en cada resquicio del inmueble que ocupaba el Colegio Militar. La supremacía numérica de las tropas estadounideses, tras varias horas de combate, no lograban intimidar el coraje mexicano. Eran cientos de patriotas los que dieron su vida en defensa de la soberanía nacional. Y sin embargo, la historia oficial rescató a seis jóvenes cadetes que, con el paso del tiempo, se conocieron como los Niños Héroes.

En los albores de la batalla, los cadetes que se encontraban dentro del Colegio Militar habían sido ordenados a retirarse. Sin embargo, Juan de la Barrera, Juan Escutia, Francisco Márquez, Agustín Melgar, Fernando Montes de Oca, Vicente Suárez y media centena más decidieron quedarse a batir al enemigo. La decisión de los mal llamados niños —sólo uno contaba con menos de catorce años; los demás, tenían entre 17 y 19—, fue magnánima. La historia habría de escribirse a través de esos seis jóvenes que habían decidido pelear contra el invasor a costa de sus propias vidas.

Así como los otros cientos de soldados, los cadetes del Colegio Militar soportaron casi un día de bombardeo y de un ataque frontal constante. Pronto, la posibilidad de obtener la victoria se fue desvaneciendo. Sin embargo, la defensa no cesó hasta el último instante.

Cuenta la tradición que Juan Escutia se encontraba cerca del asta que enarbolaba el Castillo de Chapultepec cuando la victoria enemiga era una certeza. Tomó entonces la bandera mexicana y envolvió su cuerpo para que el enemigo no la tomara. Al verse sin escapatoria, se lanzó al abismo con ella. No obstante, no hay una evidencia de que esto haya sucedido en realidad.

Sin embargo, nada de ello demerita la actuación de los cadetes. Tuvieron la posibilidad de abandonar el castillo y aun así decidieron, por su propia cuenta, defender la soberanía nacional a costa de sus propias vidas. Ello es, sin necesidad de mayor ensalzamiento, un acto heroico digno de asentarse en el acta de la memoria nacional.

# 63

## JESÚS ARRIAGA (1858-1894)

No era su intención enamorarse. Él era un pobre carpintero; ella, la sobrina de uno de los hombres con más dinero
en la Ciudad de México. Provenía de Tlaxcala, su intención era trabajar y llevar a su familia el dinero que tanto
les hacía falta. Sabía de las carencias y de la desigualdad
social. Sin duda, su intención no era caer prendido de los
ojos de aquella muchacha; mucho menos que ella también
se enamorara de él.

Pero este amor a escondidas no podía durar mucho;
los secretos siempre se descubren. Con más razón cuando, después de algunos meses, la señorita Matilde de Frizac
confesó estar embarazada. De inmediato, su tío, Diego de
Frizac, ordenó se le enviara a una de sus haciendas, lejos
de la capital. A pesar de las amenazas, se negó a decir quién
era el padre. No pasó mucho tiempo antes de que se supiera
que el culpable era el carpintero Jesús Arriaga. La vorágine
del orgullo cayó sobre de él. Fue humillado y acusado de
robo por el tío de la muchacha. Cuando fue detenido y

enviado a la Cárcel de Belén, sabía que su hija se llamaba María de los Dolores y que, muy pronto, estarían juntos.

Cuenta la leyenda que en prisión conoció a un par de ladrones que le enseñaron cada uno de su trucos. Si quería tener dinero, no había forma más sencilla y rápida que valerse del hurto y el engaño. Con nuevas instrucciones y enseñanzas, Jesús escapó de la cárcel.

De inmediato puso en práctica las técnicas aprendidas. Tras los primeros robos, se compró ropa y comenzó a vestirse distinguidamente. Con ese disfraz de rico, nadie desconfiaría de él. El dinero sobrante, la gran parte del botín, llegó a los más necesitados. Desde ese momento, Chucho el Roto —cómo sería conocido por vestirse de rico sin serlo en realidad—, se convirtió en el primer *Robin Hood* mexicano.

Poco tiempo pasó para la reunión con su hija, a quien se robó de su madre que, temerosa del tío, lo había rechazado. Durante años, el Roto anduvo por distintas partes del país, robando y estafando a los ricos, junto con la gavilla que él mismo había formado e instruido. Repartía la mayor parte de sus ganancias entre los más necesitados. Chucho el Roto comenzó a ganarse el cariño de los pobres. Se había convertido en un héroe popular; en una leyenda.

Como en todas las buenas historias, el final no habría de ser feliz. Con un nombre distinto, tras el atraco a una joyería, fue apresado en Querétaro y enviado a San Juan de Ulúa. Después de un fallido intento de escape, fue golpeado y herido. Nunca habría de recuperarse; falleció en un hospital de Veracruz el 25 de marzo de 1894. El hombre que se convirtió leyenda fue llorado por mucha gente. Habían perdido a su verdadero héroe, mientras los ricos podían dormir en paz.

# 64

## VENUSTIANO CARRANZA (1859-1920)

Había vivido los sinsabores de la Revolución y las consecuencias de la inestabilidad política en el país. Él mismo había tomado las armas en 1913 contra Victoriano Huerta. Sin embargo, en 1920, en el ocaso de su administración la situación se volvió insostenible. La alianza entre Obregón, Plutarco Elías Calles y Adolfo de la Huerta, y la promulgación del Plan de Agua Prieta, el cual desconocía a su gobierno, obligó al coahuilense a tomar los poderes y partir rumbo a Veracruz. Ya lo había hecho en 1914 como Jefe del Ejército Constitucionalista. Esta vez, el destino le tenía preparada una desagradable sorpresa.

La carrera política de Venustiano Carranza, nacido en Cuatrociénegas, Coahuila, fue siempre ascendente. De presidente municipal de su tierra natal pasó a ser suplente de diputado federal, senador, gobernador de Coahuila, ministro de Guerra y Marina, primer jefe del Ejército Constitucionalista y presidente constitucional.

Ya tenía asentado poder regional en el norte del país cuando Francisco I. Madero proclamó el Plan de San Luis en 1910, mismo que Carranza apoyó sin chistar. Aunque la relación no fue siempre la mejor, Madero y Carranza compartían varias cosas; ambos eran coahuilenses de familias prósperas, y los dos creían que la Revolución debía crear un apego a las leyes concebidas en la Constitución de 1857.

Por ello, cuando Madero fue asesinado en febrero de 1913, de inmediato se opuso al usurpador Victoriano Huerta. Formuló, entonces, el Plan de Guadalupe y marchó hacia Sonora, en donde se enfrentó a las huestes del dictador durante 1913. Apoyada su justa por muchos otros personajes, como Obregón y Villa, logró entrar a la Ciudad de México a la caída de Huerta. Fue entonces nombrado presidente provisional, lo que provocó la inconformidad de Villa. La Convención de Aguascalientes celebrada en 1914 para unir a los revolucionarios, nombró presidente a Eulalio Gutiérrez. Esta determinación no fue aceptada por Carranza, quien marchó hacia Veracruz para establecer ahí su gobierno. Desde entonces, la enemistad con Villa fue abierta. Sin embargo, logró mantener a su lado a Álvaro Obregón, quien venció a Villa en la batalla de Celaya, lo que permitió a Carranza regresar a la capital. Desde ese momento, tuvo cierta tranquilidad para concentrarse en la administración del país.

A pesar de haber luchado en defensa de la Constitución de 1857, convocó en 1916 a un Congreso Constituyente para reformarla, proyecto que desembocó en la Constitución de 1917. Esta nueva Carta Magna, además, organizó elecciones para diputados, senadores y presidente. Unos cuantos meses más tarde, Carranza tomó posesión como presidente constitucional. Fue entonces cuando las rebeliones regresaron.

Los turbulentos años de su administración pasaron sin que el alma de la Carta Magna pudiera notarse en la población. A pesar de ello, la Constitución estaba impregnada de los principios de libertad, igualdad y justicia que requerían los mexicanos. La participación de Carranza, con respecto a los derechos de los campesinos y a la estimulación agraria, estaba sustentada en sus artículos. Sin lugar a dudas, este documento, propiciado por el coahuilense, es uno de sus más grandes logros.

No lo fue, en cambio, el apoyar la candidatura de Ignacio Bonillas para sucederle. Tanto Obregón, el otro contendiente a la presidencia, como Calles y De la Huerta se opusieron. En unos días, Carranza se vio rodeado de enemigos. Fue por ello que tomó la decisión de irse hacia Veracruz, en donde podría gobernar con cierta tranquilidad.

El trayecto por ferrocarril resultó peligroso. Decidió seguir el camino a caballo. Se encontraba en Tlaxcalantongo, Puebla, cuando dieron la orden de parar para descansar. Esa misma noche, Carranza sería asesinado por una pequeña tropa comandada por Rodolfo Herrera, quien actuaba como escolta y guía del presidente. La traición, efectuada el 21 de mayo de 1920, terminó con la vida de uno de los revolucionarios y constitucionalistas más importantes del siglo XX mexicano.

# 65

## CAMILO ARRIAGA (1862-1945)

Su lucha no era armada. Sin embargo, la respuesta del gobierno porfirista fue letal. El militar Heriberto Barrón había sido enviado aquel 1902 a San Luis Potosí en su búsqueda. Su misión era combatir y eliminar el Club Liberal Ponciano Arriaga, que había nacido bajo los auspicios de unos cuantos jóvenes inconformes con el régimen autoritario de Porfirio Díaz. En aquella ocasión resultaron presos varios de los participantes, incluido el potosino Camilo Arriaga, fundador del club y líder intelectual del movimiento contrario al régimen. Pocos sabían en aquel momento que Arriaga prendería pronto la mecha que daría al traste con décadas de hegemonía porfirista.

Era un ferviente defensor de la Constitución del 57 y de las Leyes de Reforma; y desde el inicio de su carrera política, se enfrentó al porfirismo. Aunque había estudiado ingeniería, su vena política lo llevó a proclamarse candidato para la diputación local en 1887. Sólo tenía 25 años cuando fue electo para ocupar el cargo.

Sus dotes de liderazgo y su ideología anticlerical lo llevaron a organizar a varios estudiantes a manifestarse en contra de la alianza del gobierno de Díaz con la Iglesia. De acuerdo con Arriaga y sus seguidores, todo por lo que se había luchado en la Reforma se estaba revirtiendo bajo el régimen de Díaz. Fue por ello que fundó el Club Liberal Ponciano Arriaga, en el que militaron varios de los personajes que habrían de participar, años después, en la Revolución Mexicana. Para 1901, a nadie le cabía duda que Arriaga era el símbolo del movimiento político opositor.

Después de su liberación, se unió al movimiento de los hermanos Flores Magón, razón por la que fue exiliado y detenido de nuevo en 1908. Dos años más tarde, saldría de prisión con ánimos renovados. Fue entonces que comenzó a tramar un complot para hacer prisionero a Díaz. Los preparativos del complot de Tacubaya, una asonada militar, se dieron con la ayuda de varios jóvenes civiles y militares como José Vasconcelos. Sin embargo, pronto fueron descubiertos. Arriaga fue enjuiciado y sentenciado a muerte. Sin embargo, la Revolución Maderista le salvaría la vida, pues la ejecución se detuvo a causa de la toma de Ciudad Juárez. Desde ese momento, Arriaga se convirtió en un acérrimo maderista.

Sus ideas socialistas y anarquistas lo distanciaron de Madero, pero después rechazó el gobierno de Victoriano Huerta, por lo que tuvo que salir del país. A su regreso, el revolucionario intelectual estaba listo para más batallas. Sin embargo, su legado está constituido por su rebelión contra Díaz y sus colaboraciones con periódicos como *Regeneración*, *El Demófilo*, *El Renacimiento* y *El Heraldo de México*, entre otros.

# 66

## MANUEL AZUETA (1862-1928)

El 16 de octubre de 1912 el puerto de Veracruz amaneció tomado por las fuerzas de Félix Díaz, sobrino de don Porfirio. Las guarniciones militares no pudieron hacer mella a esta nueva revuelta. De inmediato, todos los contrarios a la administración maderista echaron las campanas al vuelo. No dudaban un instante que pronto el ejército se revelaría contra la administración. No sabían que el comodoro veracruzano Manuel Azueta no caería en las redes de la tentación. Su lealtad se puso a prueba y decidió defender las leyes de su patria. De inmediato, con sus buques rodeando Veracruz, cerró toda posibilidad de auxilio externo para el rebelde y aislándolo lo llevó a la derrota en unos cuantos días. No sería la primera ni la última muestra de heroísmo de Azueta.

Era el marino mejor preparado de todo el país. Había estudiado desde 1878 en el Colegio Militar, cuando aún no existían academias navales, pero realizó cursos de especialización en España, Filipinas y Colombia. Su conocimiento fue altamente recompensado, incluso cuando sirvió como instructor y director de la recién creada Escuela Naval. Para 1912, ostentaba el cargo de director del Arsenal Nacional de Veracruz y tenía a su mando una flota de guerra. Nadie mejor que él para hacer frente a rebeliones como la felicista.

Sin embargo, dos años más tarde tendría que superar la que quizá fue su participación más importante dentro de la historia nacional. El 21 de abril de 1914, 44 buques de guerra estadounidenses se hicieron presentes en el puerto. El gobierno de Woodrow Wilson había rechazado cualquier negociación con los gobiernos de Huerta, a quien no reconocía, y Carranza, al que apoyaba veladamente. Aquel día se materializó la invasión, que tenía el propósito de calmar la inestabilidad que ponían en peligro los intereses norteamericanos.

Al enterarse, el comodoro Azueta se dirigió hacia la Escuela Naval. A su entrada, varios cadetes le rodearon en espera de órdenes. Conmovido, Azueta exclamó: "¡A las armas! ¡Viva México!", palabras que dieron inicio a una gesta heroica de resistencia. Los cadetes pronto comenzaron a situarse en posición de defensa para repeler el desembarco estadounidense. Sin embargo, poco se podía hacer para evitar lo inevitable. Sangre mexicana se derramó aquel día en aras del deber patriótico. Varios cadetes, incluido su hijo, José Azueta, perdieron la vida en aquella honrosa acción.

Aunque los estadounidenses tomaron el puerto y permanecieron en él por varios meses, Azueta ha pasado a la historia como uno de los defensores más importantes de la patria y sus instituciones, menoscabando ideologías y posturas políticas. El cumplimiento del deber siempre fue su único objetivo.

## 67

## BELISARIO DOMÍNGUEZ (1863-1913)

En tan sólo unos meses, el médico cirujano chiapaneco había conocido cara a cara la desgracia. Primero fue la muerte de su padre, don Cleofas Domínguez. Unos meses después, tras una larga enfermedad, su esposa perdía la vida. Su madre, doña Pilar Palencia le siguió semanas más tarde. El dolor y el sufrimiento lo agobiaban. Fue entonces que dirigió toda su frustración hacia la búsqueda de la justicia política.

Belisario Domínguez era conocido como un médico humanitario. Atendía a los pobres sin cobrarles un centavo. Incluso llegaba a pagarles medicamentos u otro tipo de atenciones. A los ricos, en cambio, les cobraba como lo que en realidad era: un médico especializado en la Universidad de la Sorbona en París, Francia.

También entendía y participaba en la política. Desde 1904 inició la publicación del periódico *El Vate* en su tierra natal: Comitán, Chiapas. En sus páginas enumeró las injusticias del régimen porfirista y abogó por la no reelección. Con el paso del tiempo apoyó las ideas de Francisco I. Madero, de quien se hizo partidario.

Era, sin duda, el candidato ideal para ocupar la presidencia municipal de Comitán en el año de 1911. El país se estaba transformando y don Belisario quería formar parte de ese cambio. Un año más tarde, fue designado senador suplente, por decisión propia, ya que le habían propuesto ser propietario. Viajó a la Ciudad de México para acompañar a su hijo que comenzaría sus estudios preparatorianos. Nunca se imaginó que sería testigo directo de la Decena Trágica de 1913, en la que Madero fue asesinado y el traidor Victoriano Huerta usurpó el poder.

A los pocos meses, habría de ocupar el escaño a la muerte del senador propietario y, por medio de la tribuna, fue incisivo en sus críticas hacia el régimen de Victoriano Huerta. "El mundo está pendiente de vosotros, señores miembros del Congreso Nacional Mexicano y la Patria espera que la honréis ante el mundo, evitándole la vergüenza de tener por Primer Mandatario a un traidor y asesino", se atrevió a declamar el valeroso chiapaneco en el pleno del Congreso. Por medio de las palabras, Domínguez comenzó a poner en jaque al régimen huertista.

Huerta lo sabía y decidió resolver el problema. En la noche del 7 de octubre de 1913, cuatro hombres sacaron a Domínguez de su cuarto de hotel y lo condujeron hacia el cementerio de Xoco. Ahí lo torturaron y asesinaron. Antes de sepultarlo, uno de los ejecutores le cortó la lengua que después entregaría como trofeo al dictador. La noticia de su ejecución provocó que el Congreso se pusiera abiertamente en contra de Huerta, por lo que éste lo disolvió y encarceló a 90 diputados. De cualquier forma, Domínguez había marcado el final del régimen traidor que caería pocos meses después.

# 68

## SERAPIO RENDÓN (1867-1913)

Las palabras le fluían con pasión y ardor. Tenía un talento literario notorio, pero era la oratoria su mayor arma de persuasión y crítica. Como si fueran balas, sus discursos apuntaban certeros en contra de las injusticias y desigualdades sociales. Ya fuera en los tribunales, la Cámara o las calles, sus palabras incendiaban los sentimientos de un pueblo cansado de ser ignorado. Así fue como inició su lucha contra el gobierno de Porfirio Díaz; y así fue como conoció por primera vez los alcances del poder.

Había ya dicho que el gobierno porfirista de Yucatán era corrupto. Y había, por ello, sido encarcelado. Fue su familia la que logró liberarlo tras acudir a la Suprema Corte de Justicia. Pero Rendón no cambió su actitud y continuó su lucha contra la dictadura estatal y nacional. Se unió por comunión de ideas al movimiento de Francisco I. Madero y lo apoyó durante su presidencia. Por esos días, fue electo diputado de su estado natal, Yucatán, para participar en el Congreso. Desde la tribuna legislativa defendió al régimen maderista con todo su ímpetu hasta los últimos instantes de la Decena Trágica.

Desde entonces se convirtió en enemigo de la dictadura de Victoriano Huerta. En el recinto legislativo no faltó ocasión en que lo acusara de asesino. Pero además, su voz encontró en el Hemiciclo a Juárez un foro para vilipendiar al gobierno espurio. En una de esas concentraciones, enterado de la presencia de espías huertistas, les dijo: "id a decir a vuestros jefes que vuestros servicios no son aquí necesarios, porque el pueblo, que sí tiene consciencia de sus derechos y respeta los ajenos, no necesita vigilancia". Rendón, en su lucha contra la traición, firmaba su propia sentencia.

Fue Aureliano Blanquet, el ministro de Guerra de Huerta, el primero en insistirle en que las palabras de Rendón eran un peligro para su régimen. Sin embargo, el dictador decidió invitarlo a formar parte de su gobierno, lo que el yucateco rechazó al instante. Ni Rendón ni la verdad estaban en venta. Fue entonces que Huerta dio la orden.

La noche del 22 de agosto de 1913, Rendón salía de casa de la señora Clara Scherer en Paseo de la Reforma cuando fue subido a empellones a un automóvil que lo condujo rumbo a la prisión de Tlanepantla. El coronel Felipe Fortuño lo recibió y envío a una celda con una pequeña ventana para su vigilancia. Rendón, golpeado en varias ocasiones, sabía perfectamente cuál sería su destino. Movido por ello, pidió lápiz y papel para escribir sus últimas líneas. Apenas las recibió, se concentró en las letras que había de escribir a su familia. Puso el lápiz sobre el papel cuando recibió una ráfaga por la espalda que le quitó la vida. El régimen traidor se llevó así una de los más destacados luchadores de la justicia y la verdad.

# 69

## FELIPE ÁNGELES (1869-1919)

Regresaba a un país diferente del que había dejado. El estallido de la Revolución lo había sorprendido en Europa; y aunque pidió permiso para regresar y luchar, cual era su deber, el régimen porfirista decidió negárselo. Corría el mes de enero de 1912 cuando pudo regresar. De inmediato encontró en Francisco I. Madero, el nuevo presidente, un hombre lleno de virtudes e ideas. El presidente debió haber pensado lo mismo pues le otorgó de inmediato el grado de general brigadier y la dirección del Colegio Militar.

Felipe Ángeles había demostrado desde temprana edad su inteligencia y amor por el conocimiento. En el Colegio Militar fue el más destacado de los estudiantes de su generación. La Aritmética y la Literatura se convirtieron en su predilección. De alguna manera, encontró en la Artillería y su estudio el objetivo de su vida. Pero sólo la utilizaría en beneficio de la libertad de la patria. Felipe Ángeles, a pesar de su oficio, prefería la conciliación a la guerra.

Tuvo oportunidad de demostrar su carácter humanitario cuando fue designado por el propio Madero a pacificar el estado de Morelos, en donde los zapatistas se revelaban ante la crueldad de Juvencio Robles. Aunque no pudo hacerlo en su totalidad, sí abrió la posibilidad de la conciliación. Ello sólo acercó a Madero y Ángeles.

Por azares del destino, ambos vivieron juntos la Decena Trágica. Prisioneros en la misma celda, el Palacio Nacional, vieron consumarse la traición de Huerta. De hecho, fue Ángeles el último en despedir a Madero cuando éste se dirigía hacia su muerte. Aquella experiencia marcaría para siempre la vida del general.

Fue por ello que decidió unirse al movimiento constitucionalista, encabezado por Venustiano Carranza en 1913. Pronto se encontró al lado de Francisco Villa, con quien comandó la División del Norte. Los días de gloria de Ángeles, sin lugar a dudas, estuvieron junto al Centauro del Norte.

Para Villa, Ángeles fue su brazo derecho: noble, moral e inteligente. Juntos dieron grandes batallas, como la de San Pedro de las Colonias y la toma de Zacatecas, que posibilitaron la caída del régimen huertista en 1914. Sin embargo, el distanciamiento entre Villa y Carranza lo puso de nuevo en el sendero de las armas. Ángeles, a pesar de estar en desacuerdo con Villa, continuó a su lado. Gracias a su intervención, decenas de prisioneros salvaron la vida ante la furia del Centauro. Sin embargo, no pudo convencerlo de enfrentar a Obregón en el norte del país y no en el centro, en donde la División del Norte fue severamente derrotada en 1915. La guerra, para Ángeles, terminó aquel día. Con cierta tristeza, decidió marcharse a Estados Unidos a meditar el nuevo camino que habría de tomar.

Regresó a su país a fines de 1918. Ésta vez no utilizaría las armas sino la razón como parapeto de lucha. "Vengo a buscar la manera de que cese esta lucha salvaje que consume al pueblo mexicano, unificando en un solo grupo a todos los bandos políticos que existen en la actualidad en el suelo de la república", declaró a principios de 1919.

Intentó convencer a Villa de aliarse con antiguos revolucionarios que se encontraban en el exilio por culpa de Carranza, o incluso de entablar negociaciones con el coahuilense. Todo en aras de la paz y la unidad nacional. Pero el militar de 50 años ya no tenía la misma fortaleza. Sabía que el mensaje de Madero, en el que fervientemente creía, había sido desvirtuado con los años. El país estaba sumido en el canibalismo revolucionario, sin una luz de esperanza que pudiera regresarlo al recto camino que requería.

Por una traición, fue capturado por carrancistas en Chihuahua. De inmediato inició un mentiroso juicio en su contra. La sentencia ya estaba decidida desde mucho tiempo atrás por Carranza: la pena de muerte. A pesar de ello, periódicos y decenas de cartas pidieron el indulto. Nada tuvo efecto. Ángeles fue fusilado el 26 de noviembre de 1919.

La muerte de Ángeles, como la de muchos otros valerosos revolucionarios que no llegaron a la vejez, fue una pérdida dolorosa para el país que tan ávido estaba de esos hombres capaces, inteligentes y honorables para guiarlo por el tenebroso paraje de la cotidianidad. Sin embargo, su entrega en la lucha por la verdad, la libertad y la justicia, ha quedado como enseñanza que no se debe olvidar.

# 70

## JOSÉ MARÍA PINO SUÁREZ (1869-1913)

La oscuridad de la noche lo envolvía todo. Apenas si se percibía el brillo de una vela que cintilaba dentro de aquel cuarto de Palacio Nacional que hacía las veces de prisión. Era la noche del 21 de febrero de 1913 y al tabasqueño le costaba trabajo dormir. La Decena Trágica había sido el colofón de un sinfín de eventos que ahora le parecían como un sueño. La traición de Victoriano Huerta, como una pesadilla. Entre las fallidas promesas de que tanto el presidente como él serían enviados al exilio, la sensación de la muerte se aproximaba. Decidió entonces escribir una carta que tal vez sería la última. "¿Tendrán la insensatez de matarnos? —escribía a su amigo Serapio Rendón— Tú sabes Serapio que nada ganarán, pues más grandes seríamos en muerte que hoy lo somos en vida". Un día después, él y Madero serían asesinados en la parte trasera de la Penitenciaría.

El destino de Francisco I. Madero y José María Pino Suárez se había unido varios años atrás. Lo conoció cuando el primero llegó a Puerto Progreso, Yucatán, como parte de su campaña en junio de 1910. Pino Suárez era ya un acérrimo antirreeleccionista y a su mando se encontraba la dirección de *El Peninsular*, en donde no sólo expresaba su vena lírica (había publicado un par de libros de poesía) sino también sus dotes políticas. Después de conocer al coahuilense, Pino Suárez fundó el Centro Antirreeleccionista en Yucatán y el periódico *La Defensa Nacional*, lo que le valió una orden de aprehensión por parte del gobierno de Porfirio Díaz, de la cual logró escapar huyendo hacia Tabasco.

Formó parte de la Convención Nacional de los Partidos Aliados que designó a Madero como candidato presidencial. Al ser éste detenido, Pino Suárez inició la organización de grupos revolucionarios en Yucatán y Tabasco. Además, se trasladó al norte para encontrarse con el prófugo y formó parte del grupo que redactó el Plan de San Luis. Iniciada la Revolución, fue nombrado ministro de Justicia de acuerdo con el propio plan y su firma quedó para la posteridad en los Tratados de Ciudad Juárez, que terminaron con el régimen de Díaz.

De regreso a Yucatán, fue nombrado gobernador, pero al poco tiempo fue llamado para una misión más importante: la Vicepresidencia de la República. Junto con Madero, recorrió cada palmo del país, padeció los sinsabores de la convulsión del poder en aras de los ideales maderistas. A su lado, sirvió con discreción pero con vitalidad en bien del país hasta el último momento.

Aquel 22 de febrero, la mano de Huerta le quitó la vida no sólo a dos hombres de bien, sino a dos patriotas que sólo la traición pudo derrotar, mas no lanzar al olvido. El poeta y político tabasqueño había casado su propia vida a la de la ideología maderista. Su muerte sólo lo engrandeció aún más.

# 71

## HERIBERTO FRÍAS (1870-1925)

"He vivido siempre o de la espada o de la pluma, dos adorables ingratas, dos gloriosas señoras mías", escribía a Federico Gamboa en 1908. Y aunque como militar fue un bravo subteniente, fueron sus letras la mejor arma para luchar por lo que realmente pensaba y creía.

El queretano Heriberto Frías había nacido en el seno de una familia burguesa. Sin embargo, la muerte de su padre trajo dificultades económicas que impidieron que Frías terminara sus estudios en el Colegio Militar y se enlistó en el ejército, en donde fue nombrado subteniente del 9º Batallón de Infantería. Pronto le tocó la misión, en 1892, ya como teniente, de trasladarse con la tropa hacia el norte del país. El objetivo era pacificar la rebelión de los indios tomochitecos en Chihuahua, quienes se habían alzado contra el gobierno porfirista.

Frías fue testigo de la masacre: decenas de indígenas fueron acribillados y el pueblo de Tomochic, bastión de la sublevación, prácticamente desapareció del mapa. Aquella acción cambió para siempre la vida de Frías. La afición a las letras le convenció de escribir, bajo pseudónimo, lo que había ocurrido en aquella campaña. Por entregas, sus escritos fueron publicados en el periódico *El Demócrata*.

El ejército pronto descubrió al autor de aquellos artículos novelados. Frías fue entonces sometido a un juicio militar que pudo costarle la vida. La sentencia, sin embargo, fue sólo la expulsión del ejército. De cualquier manera, ya había decidido el objeto de su vida: dedicarse al periodismo crítico.

Haciendo uso de su libertad de expresión, publicó artículos contrarios a la administración de Chihuahua, por lo que fue expulsado del estado. Sin embargo, eso no apagó sus ánimos y continuó publicando en diferentes periódicos del país en contra de la administración de Díaz y de las costumbres sociales. Durante 1896, sus escritos sobre la campaña en Tomochic fueron editados como novela, lo que le valió ser apresado nuevamente.

Tras recobrar su libertad, continuó con sus escritos, base fundamental de las ideas revolucionarias de inicios del siglo xx en México. Abrazó el movimiento maderista y formó parte del Partido Constitucional Progresista y de varios gobiernos revolucionarios. Pero fueron sus escritos, que además de retratar la vida de aquel México, abogaban por un cambio que llevara a la libertad y la justicia, los que le dieron reconocimiento. Su lucha por la libertad de expresión y su valor para alzar la voz en tiempos difíciles, sin importarle la prisión ni el exilio, han sido reconocidos por los mexicanos.

Frías murió en la Ciudad de México, escribiendo a pesar de sufrir de una irremediable ceguera, en 1923. Quedan sus letras para la eternidad.

# 72

## FELIPE CARRILLO PUERTO (1872-1924)

Sabía que no debió haber disparado, aunque hubiera sido en defensa propia. Sus ideales le exigían otra reacción; pero ya no había marcha atrás. Mientras cumplía su condena, decidió concentrarse en algo más productivo: traducir al maya la Constitución de 1857. Los indígenas debían conocer las leyes, los derechos que debían gozar y la realidad en que vivían. A partir del conocimiento de ellas, pensaba el yucateco, podrían luchar por la verdadera justicia.

Desde niño, a Felipe Carrillo Puerto le había ofendido la forma en que eran tratados los peones de las grandes haciendas henequeras de Yucatán. Hizo de la defensa de los campesinos el objetivo de su vida. Comenzó por enseñarles a leer y a escribir en español. Los incitaba a luchar por sus derechos y por ello se ganó la enemistad de varios hacendados. Fue uno de ellos el que sacó la pistola para darle muerte. Sin embargo, Carrillo logró disparar primero. Salvar su vida le costó el confinamiento.

A su salida de prisión, juntó en varias ocasiones a grupos de indígenas para leerles en su propia lengua la Carta Magna que había traducido. Además, en Motul, su ciudad natal, editó el bisemanario *El Heraldo de Motul*, en donde expuso las injusticias de los hacendados de la región. Carrillo Puerto se había convertido ya en un líder campesino con ideas socialistas.

Cuando la Revolución llegó a la península, el yucateco se unió a las filas zapatistas; sin embargo, su verdadero deber se encontraba en el sureste mexicano. Con la promulgación de la Constitución de 1917, fundó y encabezó el Partido Socialista del Sureste que lo impulsó hacia la gubernatura de su estado en 1918. Desde ahí promulgó reformas agrarias, repartió tierras a los indígenas, incentivó la educación y apoyó la participación de mujeres para ser elegidas por votación popular a ocupar cargos públicos. De hecho, las primeras dos mujeres en hacerlo en todo el país, lo hicieron bajo el mandato de Carrillo Puerto.

Sin embargo, el movimiento delahuertista en el sureste tenía al líder socialista en la mira. La rebelión lo derrocó y durante su huida hacia Estados Unidos fue apresado en Quintana Roo. Se le trasladó a Mérida en donde, junto con 12 de sus colaboradores más cercanos, fue fusilado el 3 de enero de 1924. Sus últimas palabras retumbaron por toda la región: "¡No abandonéis a mis indios!"

El apóstol de la raza de bronce, como después sería conocido, ha sido fuente de inspiración. Su lucha desinteresada y enérgica transformó la visión nacional, aunque fuera por unos instantes, hacia los indígenas subyugados del país. El recuerdo de su ideología y sus acciones deberán ser, por siempre, alarmas para despertar del sueño de los justos.

# 73

## FRANCISCO I. MADERO (1873-1913)

Cuando se enteró del asesinato de su hermano Gustavo, supo que todo había acabado. Había creído en el que ahora era su peor enemigo y quizá, su ejecutor. Le dolía su país y su familia más que su propio destino. Había entregado sus horas más importantes al país, a la Revolución y a su creencia de que los mexicanos merecían justicia, igualdad, democracia y libertad. Nada más por ello había aceptado encabezar una revolución. Sólo por esa razón aceptó contender por la presidencia cuando el dictador había sido derrocado. En aquel febrero de 1913, sus horas estaban contadas.

Francisco Ignacio Madero, nacido un 30 de octubre de 1873 en el seno de una muy acaudalada familia norteña, en la Hacienda de El Rosario, en Parras, Coahuila, no creía en las acciones beligerantes y nunca se hubiera imaginado estar al frente de una revuelta. Su plan se basaba en la política, la democracia y la paz. En un libro que tituló *La Sucesión Presidencial en 1910*, establecía: ésta es "la oportunidad más propicia para conquistar nuestra libertad con las armas de la democracia".

Madero entonces fundó el Partido Antirreeleccionista. En convención nacional, realizada en abril de 1910, se decidió que fuera el candidato a la presidencia. Porfirio Díaz respondió con furia. Madero fue aprehendido en San Luis Potosí por haber "difamado" al presidente en un discurso. Con Madero en prisión, el fraude electoral del domingo 26 de junio se generalizó por todo el país. La farsa aumentó las simpatías del pueblo a favor de Madero.

El coahuilense, entonces, decidió tomar una alternativa distinta a la transformación del país por la vía electoral. Una opción que nunca pensó tomar: encabezar un levantamiento armado. En el mes de octubre escapó de su cautiverio y huyó rumbo al norte. En San Antonio, Texas, se encontró con varios correligionarios y desde ahí proclamó el Plan de San Luis. La Revolución Mexicana estaba por estallarle en la cara a don Porfirio.

Una de las particularidades del plan es que especificaba el inicio del levantamiento para el 20 de noviembre. Aquel día pocos brotes fueron exitosos. Sin embargo, la mecha revolucionaria estaba prendida. Con el paso de los meses, el ejército de Díaz comenzó a enfrentarse con más partidas adheridas a Madero. Poco a poco, el país fue despertando.

La caída del sistema porfirista fue estrepitosa. Tropas al mando de Madero sitiaron y atacaron Ciudad Juárez. El ejército porfirista, viejo y mal armado, cedió la plaza el 10 de mayo de 1911 y, con ella, toda la historia de treinta años atrás. Díaz no tuvo más remedio que presentar su renuncia y marcharse al exilio.

Madero, de acuerdo con el Plan de San Luis, fue nombrado presidente provisional. Sin embargo, creía en la democracia y de inmediato renunció a su cargo dejando a Francisco León de la Barra, quien convocó a elecciones presidenciales. Desde ese momento, Madero se lanzó a recorrer el país en una de las campañas electorales más completas y exhaustivas hasta ese momento en la historia del país. La población le brindó su total apoyo y para el 6 de noviembre, el coahuilense era presidente constitucional.

Su gobierno no fue lo que todos esperaban. Los grupos revolucionarios se desencantaron con rapidez al notar que Madero no transformaría radicalmente las instituciones. El gabinete, en lugar de ser ocupado por sus compañeros de combate, fue integrado en su gran mayoría por antiguos porfiristas. Por si eso fuera poco, el cuerpo diplomático, encabezado por el embajador estadounidense, Henry Lane Wilson, comenzó a presionarlo para continuar con el antiguo sistema. Madero muy pronto se vio entre la espada y la pared.

Desde temprano se encontró con rebeliones en su contra. Bernardo Reyes y Emiliano Zapata se levantaron apenas unos días después de su toma de posesión. Pascual Orozco se hizo a las armas a lo largo de 1912 y en octubre de ese año, Félix Díaz, sobrino de don Porfirio, tomó por unos días el puerto de Veracruz. Su irrestricto respeto a las leyes y su confianza sobrenatural en las personas estaban llevando al gobierno al abismo.

La prensa, que tras tres décadas de censura gozó con Madero de total libertad de expresión, se lanzó en su contra, influyendo en la población. De nada bastaba que para fines de 1912, el país diera atisbos de estabilidad. Las rebeliones habían sido sofocadas o, por lo menos, no representaban un riesgo latente a la paz del país. El presidente había hecho cambios en el gabinete, incluyendo a algunos revolucionarios en el plan gubernamental y comenzado a realizar programas en beneficio de la población, pero para entonces ya era demasiado tarde.

Su propio círculo tramó una conjura en su contra, que contó con el apoyo del embajador estadounidense. El presidente, con sus malas decisiones, había cavado su propia tumba. La peor de ellas, fue darle su amistad y confianza a un militar de nombre Victoriano Huerta.

El nueve de febrero, un levantamiento encabezado por Reyes y Díaz estalló en la Ciudad de México. Durante diez días —por ello se le llama Decena Trágica—, los sublevados se concentraron en la Ciudadela y lucharon contra un inoperante ejército comandado por Huerta. La traición definió el transcurso de los días.

A pesar de los intentos de Madero por acabar con la rebelión, el control se le había ido de las manos. Por instrucciones de Huerta, que había pactado con Díaz en la embajada estadounidense, Madero fue aprehendido en el propio Palacio Nacional. Durante cuatro días, tanto él como el vicepresidente José María Pino Suárez estuvieron a los designios del traidor. Renunciaron a sus posiciones y en la noche del 22 de febrero comenzaron los preparativos de su traslado a la Penitenciaría de la ciudad. Antes de llegar a ella, sin embargo, fueron asesinados por sus captores.

Sólo una traición pudo acabar con el Apóstol de la Democracia. Entre Huerta y sus malas decisiones, la Revolución perdió a uno de sus seres más queridos.

# 74

## RICARDO FLORES MAGÓN (1873-1922)

Cuando Abraham González se presentó ante él, ya sabía de lo que se trataba. Los ideales del oaxaqueño eran severos y la experiencia lo había vuelto desconfiado. El exilio y los encarcelamientos no habían ayudado a suavizar su temple, así como no lo había hecho en su crítica contra la dictadura porfirista. Sin embargo, a su modo de pensar, no cualquier lucha contra el dictador sería su lucha. Es por ello que cuando González le pidió aliarse al movimiento maderista, Ricardo Flores Magón contestó que él no creía en esa "revolución burguesa".

A los 20 años de edad, Flores Magón ya escribía en *El Demócrata* contra el sistema porfirista. La experiencia y voracidad de sus artículos lo impulsaron a fundar, junto con su hermano Jesús, el periódico *Regeneración* en 1900. Desde sus páginas, Porfirio Díaz fue denunciado y atacado con ferocidad. Sus artículos ocasionaron su encarcelamiento. Al salir de prisión, su espíritu de lucha estaba fortalecido.

Colaboró entonces con *El Hijo del Ahuizote*, en donde continuó su crítica, esta vez por medio de la sátira, al régimen porfirista. Don Porfirio, cansado de ello, ordenó al Tribunal Superior de Justicia que se prohibiera la libertad de expresión. Flores Magón fue obligado a dejar el país y viajó hacia Estados Unidos. La lucha, contrario a lo que la administración creía, apenas estaba comenzando.

En Laredo, Texas, reeditó su periódico *Regeneración*. Pero los largos brazos del dictador lo hicieron huir hasta San Luis Missouri en donde, en 1906, constituyó el Partido Liberal Mexicano, que analizaba la situación real de la política en México y las soluciones para alcanzar la verdadera justicia.

Fue hasta enero de 1911 cuando encabezó una rebelión en Baja California, tomando con éxito Tijuana y Mexicali. Se mantuvo siempre independiente a la Revolución Maderista. Madero provenía de una familia acaudalada de Coahuila y el propósito de Flores Magón era precisamente luchar contra las clases acomodadas. Sin embargo, la rebelión de Flores Magón, aun con Madero ya en la presidencia, tuvo poco éxito. Ricardo decidió, entonces, regresar a Estados Unidos en espera de una nueva oportunidad.

Años más tarde, en 1918, escribió y publicó un manifiesto a los anarquistas del mundo en Estados Unidos, lo que sirvió como pretexto para aprehenderlo y sentenciarlo a 20 años de prisión. El confinamiento provocó un rápido deterioro de su salud. Perdió la vida un 20 de noviembre de 1922, confinado en una prisión de Kansas, al borde de la ceguera y enfermo de diabetes.

Sus escritos, sin embargo, fueron base fundamental de la Constitución de 1917 y su recuerdo siempre estará ligado a la defensa de los campesinos y obreros y a favor de la justicia social y política.

# 75

## MANUEL M. DIÉGUEZ (1874-1924)

Conocía de primera mano las injusticias contra los mineros; era empleado del emporio Green Consolidated Mining Company y día tras día se partía el alma dentro de la mina *Oversight*. Cananea, población ubicada en la frontera sonorense, no era un paraíso. Pero las arbitrariedades habían forjado la conciencia de este jaliscience. Junto con varios de sus compañeros, entró en contacto con el Partido Liberal Mexicano y fundó la sociedad secreta Unión Liberal Humanidad. Manuel M. Diéguez pronto se convirtió en el líder de los mineros en Cananea.

Las diferencias entre los mineros estadounidenses y los mexicanos eran notorias. No sólo se les pagaba más a los primeros, sino que su jornada laboral era menor. En aras de la igualdad, Diéguez y un puñado de compañeros realizaron un pliego petitorio que entregaron al encargado de la Cananea Consolidated Copper Company. Sin embargo, las peticiones fueron rechazadas de inmediato. A la salida, los mineros decidieron ejercer su derecho de huelga por primera vez en la historia de México. Comenzaba el mes de junio de 1906.

Los obreros se prepararon para manifestarse frente a las instalaciones. Nunca llegaron a suponer que, ante la amenaza de disturbios, los mineros estadounidenses se habían armado y comenzarían a disparar contra los manifestantes. La dispersión de los huelguistas provocó que los estadounidenses les persiguieran hasta las serranías en el exterior del pueblo. Sin embargo, los mexicanos habían logrado incendiar parte de la fábrica.

El gobernador de Sonora, en respuesta, decidió utilizar *rangers* estadounidenses para controlar la situación, proteger a sus ciudadanos y aniquilar todo intento de rebelión. La policía rural porfirista les prestó todo el apoyo. El choque entre Diéguez, sus compañeros y los *rangers* fue férreo, aunque estos últimos tuvieron que salir de territorio nacional en la noche del 2 de junio. Al siguiente día fue declarada la ley marcial en Cananea y el movimiento quedó controlado. Veintitrés personas habían perdido la vida en la batalla y muchos más quedaron heridos. Diéguez fue hecho prisionero y sentenciado a quince años de prisión. El sistema porfirista había demostrado su autoritarismo. Sin embargo, la huelga y la represión anticiparon el movimiento que, algunos años más tarde, derrocaría a don Porfirio.

La vida de Diéguez seguiría por varios senderos. Liberado tras la Revolución Maderista, fue presidente municipal de Cananea, revolucionario constitucionalista y gobernador de Jalisco. Luchó al lado de Villa, Carranza y Obregón y contra todos ellos unos años después. Un clásico revolucionario que pasaría a la historia por iniciar el movimiento social que después se convertiría en revolución.

## 76

## CARMEN SERDÁN (1875-1948)

Pocas oportunidades tenían de resistir por más tiempo el ataque. Y así, sin pensarlo dos veces, salió al balcón que daba a la calle de Santa Clara. Con el rostro desencajado, comenzó a gritar al pueblo poblano: "¡Vengan, por ustedes lo hacemos. La Libertad vale más que la vida. Viva la no reelección! ¡Aquí hay armas! ¡Viva la Libertad! ¡Por ustedes lo hacen y no vienen a defender! ¡Viva Madero!" Sus sentidos se encontraban completamente concentrados en el llamado al pueblo, no escuchaba los zumbidos de las balas que pasaban amenazantes cerca de su cuerpo. La imagen de aquella mujer en el balcón asombró a todos. Los pobladores la escucharon con la piel erizada y, sin embargo, su miedo era mayor y no acudieron a aquel trepidante llamado. Varios de los oficiales del ejército federal se detuvieron a observarla. Muchos se maravillaron con esa imagen y esa muestra de coraje. Se trataba de Carmen Serdán.

Pocas mujeres se entregaron a la gesta revolucionaria con tanta decisión como ella. Hermana de Aquiles Serdán, se convirtió en su más insistente colaboradora. Lo mismo conseguía armas que se comunicaba con los demás líderes de la rebelión, incluido Francisco I. Madero. Llegó incluso a transportar dinero y pertrechos para la sublevación.

Apenas unos meses antes, había viajado sola hasta San Antonio, Texas, para conferenciar con Madero. Después siguió a Gustavo A. Madero, quien le había entregado dinero para dar inicio, el 20 de noviembre, a la Revolución. La experiencia, aunque distinta a la que cualquier mujer de aquella época debía tener, ya no era nueva para ella. Muchos viajes a la Ciudad de México, por las mismas razones, le habían llenado de recuerdos.

Todo estaba preparado para iniciar el movimiento el 20 de noviembre, conforme a lo prescrito por el Plan de San Luis. Sin embargo, las autoridades poblanas descubrieron las intenciones de los conspiradores.

La primera batalla de la Revolución estalló el 18 de noviembre en la casa de la calle Santa Clara en Puebla. La familia Serdán, junto con otros conspiradores, lucharon hasta el final contra el asedio. Sin embargo, al no recibir auxilio de otros pueblos, perdieron la batalla. Aquel día varios héroes murieron en la lucha. Y Carmen, quien en todo momento empuñó y disparó su rifle hacia los perpetuadores, y que incluso fue herida por una bala certera, se distinguió por su valor.

Tuvo que soportar la muerte de sus dos hermanos, Aquiles y Máximo, y la prisión junto con su madre. Sin embargo, habría de ser testigo de la vorágine revolucionaria y sus consecuencias. Murió el 21 de agosto de 1948.

## 77

## GUSTAVO A. MADERO (1875-1913)

La madrugada del 18 de febrero de 1913 retumbó con la llegada de Gustavo A. Madero a Palacio Nacional. Eran apenas las dos de la mañana. A empujones llevó Gustavo a Victoriano Huerta frente a Madero y ahí, acusó al general de estar planeando la traición al régimen. Huerta rechazó terminantemente las acusaciones. El presidente Francisco Ignacio Madero, insólitamente y por encima de su propio hermano, creyó en el militar; con esta acción, el presidente selló para siempre el destino de los dos.

Gustavo era tan sólo dos años menor que Francisco. Como él, había estudiado en el extranjero y a su regreso se desempeñó con éxito en varias empresas del norte del país. Sin duda, la economía era lo suyo. Por ello, cuando su hermano propuso la idea de comenzar una rebelión armada en contra de Porfirio Díaz, la participación incondicional de Gustavo fue primordial. Además de participar con su propio dinero, se encargó de que otros también apoyaran pecuniariamente al movimiento. Su instinto político le valió varias alianzas sin las cuales la Revolución habría naufragado.

Fundó y dirigió el periódico *Nueva Era*, vehículo de comunicación de la gesta revolucionaria. Al término de ésta fue co-partícipe en la creación del Partido Constitucional Progresista, que proclamó a su hermano Francisco candidato a la presidencia. Él mismo fue electo diputado y desde la tribuna defendió a capa y espada la administración maderista. Hizo, incluso, uso de un grupo denominado "La Porra" que, de acuerdo con ciertas crónicas, atemorizaba y atacaba a los contrarios al maderismo.

Para 1913, Gustavo fue nombrado embajador extraordinario de México en Japón. A pesar de que sabía que hacía falta al lado de su hermano, comenzó a preparar todo para la partida. El país comenzaba a dar atisbos de estabilidad. La Decena Trágica, sin embargo, había de interrumpir sus planes.

Tras haber acusado a Huerta de traición, fue hecho prisionero y llevado a la Ciudadela. Ahí habría de pasar lo inimaginable. Los soldados de Félix Díaz, enardecidos y salvajes, comenzaron a golpear al diputado quien yacía en el suelo defendiéndose de las injurias, patadas y puñetazos que le propinaban. Gustavo intentó ponerse de pie, pero no lo logró pues la bayoneta de uno de sus atacantes se le introdujo en el ojo derecho. Entonces, alguien ordenó un pelotón para fusilarlo. Pocos minutos después, el cuerpo de Gustavo yacía inerte en la tierra, y como si esto no fuera suficiente, uno de sus atacantes le propinó el tiro de gracia.

Gustavo A. Madero, un héroe trágico, será por siempre recordado como uno de los principales soportes y mártires de la Revolución Mexicana.

# 78

## AQUILES SERDÁN (1876-1910)

Aquel 18 de noviembre de 1910, en que la Revolución se había adelantado en Puebla, Aquiles Serdán estaba envuelto en la oscuridad. Desde su escondite, escuchaba los pasos de los rurales y policías que le buscaban. Aquel día había perdido a varios compañeros de armas, entre los que se encontraba su propio hermano Máximo. Sabía que su esposa, su madre y su hermana estarían ya presas. Y a él sólo le quedaba esperar y encontrar el momento idóneo para escapar rumbo al norte para unirse al movimiento de Francisco I. Madero.

Desde que inició el movimiento antirreeleccionista, el poblano se adhirió de inmediato a él. Con la venia de Madero, a quien había conocido durante su gira proselitista, fundó el Club Político Luz y Progreso y sus vínculos con personas de Puebla y Tlaxcala comenzaron a darle liderazgo en la región.

Cuando, obligados por la situación, se comenzó a formar la idea de iniciar un levantamiento armado, Serdán no se intimidó. Todo lo contrario, visitó a Madero en diversas ocasiones en Texas y consiguió dinero, armas, hombres y alianzas para iniciar el levantamiento el 20 de noviembre.

Sin embargo, sus actividades habían levantado la sospecha del gobierno local, que le siguió los pasos durante varios meses. Cuando la fecha plasmada en el Plan de San Luis se iba acercando, a la policía no le cabía duda de su participación subversiva.

De inmediato, un grupo de agentes fue a la casa de los Serdán para tratar de aprehenderlo, pero fueron rechazados. Entonces se organizó un batallón de policías y rurales para atacar a los sublevados. Era ya un hecho de que, en Puebla, la Revolución comenzaría con dos días de anticipación.

El choque fue épico. Durante horas, un puñado de revolucionarios logró evitar la toma de la casa de los Serdán. Las mujeres de la familia empuñaron sus armas y dispararon a los federales durante todo el tiempo. El propio Aquiles no cesó en su defensa y trataba de organizarla lo mejor que podía, pero sin el apoyo de nadie más todo estaba destinado a ser un fracaso. Serdán se dio cuenta de ello y decidió, en el último momento, esconderse en un hueco de la sala de la casa en espera de un mejor instante para escapar y unirse a Madero en el norte del país.

Pasó varias horas en su escondite, hasta que sintió que era seguro salir. No sin dificultad, Aquiles logró remover la alfombra y se asomó cuidadosamente. Un estruendo trepidante se escuchó y recorrió las calles de la ciudad de los ángeles. Se trataba de Porfirio Pérez, quien había estado custodiando el lugar, inamovible. El disparo había sido certero. El cuerpo de Aquiles Serdán, el primer mártir de la Revolución, volvió sin vida al hueco que había sido su refugio. El reloj marcaba las dos de la mañana del 19 de noviembre de 1910.

# 79

## FRANCISCO VILLA (1878-1923)

Sus perseguidores lo seguían de cerca. Después de su escape de prisión, el fugitivo no había tenido ni un momento de descanso. Entre veredas ocultas y llanuras inhabitables, en su mente se fueron definiendo los conceptos de justicia y libertad. La huida lo convirtió en bandolero y guerrillero. La madurez, en revolucionario. Su nombre era Doroteo Arango, hasta que un hacendado trató de llevarse a la fuerza a su hermana y él lo hirió al tratar de defenderla. La clandestinidad lo convirtió en Francisco Villa.

La Revolución le llegó en el mejor momento. Desde 1910, por medio de Abraham González, se alió al movimiento maderista, y su vena guerrillera y militar lo llevó a relucir en cuanto ataque participó. Pocos como él conocían el norte del país, especialmente el norte de Durango, de donde era originario, y el sur de Chihuahua, en donde luchó contra las tropas porfiristas.

Causó al ejército federal cientos de bajas al atacar los trenes que los llevaban hacia el combate contra los maderistas. Y le dio al movimiento el tiempo necesario para continuar su penetración en el país. Villa, inclemente con sus enemigos, resultó de gran trascendencia para el triunfo de la Revolución Maderista, tras la cual dejó las armas.

Sin embargo, la Decena Trágica y la usurpación de Victoriano Huerta lo volvieron a llamar al combate junto con Venustiano Carranza. Desde ese momento, el nuevo constitucionalista tomó el control de la legendaria División del Norte, con la cual venció en Ciudad Juárez, Zacatecas, Chihuahua, Torreón y otras plazas que dictaminaron el fin del régimen huertista. Villa se había transformado en el Centauro del Norte.

En la cúspide de su carrera militar, se volvió paranoico, desconfiado y temible: todas las condiciones de un asesino. Su brazo izquierdo, Rodolfo Fierro, representaba al villismo sanguinario, y su derecho, Felipe Ángeles, el moral. Villa se había convertido en ángel y demonio de la Revolución.

Tras la Convención de Aguascalientes (1914), Carranza y Villa se distanciaron definitivamente. Pancho Villa se alió con Emiliano Zapata. Juntos firmaron el Pacto de Xochimilco, en el que convenían luchar hasta que una persona identificada con la Revolución subiera a la presidencia y se ocupara del problema de las tierras. A partir de entonces, la guerra fue contra el primer jefe constitucionalista, quien tuvo que huir hacia Veracruz para poder seguir gobernando.

Villa y sus dorados tuvieron que enfrentarse a una historia diferente a la que estaban acostumbrados. Las derrotas, frente al aún constitucionalista Álvaro Obregón, se volvieron cotidianas. Por más que Ángeles intentaba disuadir a Villa de luchar en el Bajío, éste no hizo caso. La batalla de Celaya, en abril de 1915, significó la caída más importante de Villa hasta el momento. Sin tener muchas opciones, los dorados regresaron a suelos más familiares: el norte del país, desde donde recibían armamento proveniente de Estados Unidos.

Pero la suerte de Villa parecía agotarse. Justamente al regresar a Chihuahua, se enteró de que Estados Unidos había decidido reconocer el gobierno de Carranza y, por tanto, detenía el comercio de armas hacia los villistas. El duranguense decidió atacar el poblado de Columbus, Nuevo México, el 9 de marzo de 1916, en donde confiscaron 100 animales e incendiaron el pueblo. La invasión, que duró tan sólo algunas horas, sin embargo, no fue exitosa, pues al menos cien villistas perdieron la vida contra un puñado de pobladores.

La ofensa caló en el orgullo estadunidense. El entonces presidente Woodrow Wilson ordenó el envío de tropas encabezadas por el general Pershing para dar con el maleante. La llamada Expedición Punitiva estaba destinada a fracasar. Villa era un experto del escape y recibió el apoyo de los pobladores del norte del país, quienes lo ocultaban y protegían. Los estadounidenses tuvieron que regresar a su país con las manos vacías. Una vez más, Villa había burlado a sus enemigos.

Durante los años de 1917 a 1920, el Centauro del Norte volvió a sus actividades guerrilleras. De vez en vez atacaba tropas constitucionalistas y desaparecía de nueva cuenta. Fue hasta el asesinato de Carranza que volvió a salir a la luz. Esta vez no sería para luchar, sino para firmar los Convenios de Sabinas, con los cuales deponía las armas y reconocía al gobierno de Adolfo de la Huerta, el cual le cedió la hacienda de Canutillo, en Durango. Según algunos recuentos, el Centauro del Norte se había cansado de la guerra. A partir de ese momento, Villa se encargó de administrar su propiedad.

Sin embargo, su popularidad aún representaba un peligro para los nuevos gobernantes. Al inicio de la presidencia de Álvaro Obregón, circulaba el rumor sobre la existencia de un plan para acabar con la posibilidad de que Villa volviera a empuñar las armas en contra su antiguo enemigo.

El Centauro del Norte, que de asesino pasó a ser reconocido como un altruista preocupado por los problemas de los campesinos y obreros, que brindó alimentación y educación a varios niños a cuenta personal, que ayudó a edificar escuelas y llevó profesores capacitados de Jalisco a Durango, y que había amado, según él mismo decía, a más de 75 mujeres, aún no esperaba su final.

Siempre había sido paranoico. Durante sus años de guerra dormía con un ojo abierto y pistola en mano, cambiaba de habitación al menos tres veces en una sola noche, y al sentarse a comer, lo hacía siempre con la espalda hacia la pared. Sin embargo, aquel 20 de julio de 1923, abordó su vehículo sin sospechar nada. Unas horas más tarde, en Parral, Chihuahua, su cuerpo yacía inerte, acribillado por 47 balas. El Centauro del Norte sólo se distrajo una vez.

## 80

## PLUTARCO ELÍAS CALLES (1877-1945)

Recibió las riendas del país cuando éste se desbarataba tras años de sanguinaria guerra. La Revolución había agotado las arcas del país. Los programas fundamentales de la revuelta, después de tantos años, no habían conseguido establecerse en beneficio de la sociedad debido a la inestabilidad política. El papel, por tanto, era complicado. Y el reto principal para el nuevo presidente, a finales de aquel 1924, era dejar a un lado al revolucionario que había sido hasta entonces, para convertirse en el político y estadista que el país requería. La tarea del sonorense Plutarco Elías Calles era complicada.

Desde 1912 se lanzó a la lucha contra la rebelión de Pascual Orozco durante la presidencia de Francisco I. Madero. A la caída de éste, se unió a Venustiano Carranza y ascendió a coronel bajo el mando de Álvaro Obregón.

Sin embargo, su llamado era político. En 1915 fue designado gobernador de Sonora en donde fue conocido por prohibir las bebidas alcohólicas, apoyar el divorcio y expulsar a los sacerdotes católicos del estado. Calles demostraba ser desde entonces un liberal empedernido.

Su ideología lo llevó al gabinete de Carranza en 1919, en donde ocupó la cartera de Industria, Comercio y Trabajo. Sólo duraría unos meses en ella, pues en 1920 se adhirió al Plan de Agua Prieta con Álvaro Obregón. Su carrera política iba en ascenso y fue secretario de Guerra en el gobierno de Adolfo de la Huerta y de Gobernación en el de Obregón. Para 1924, todo el país sabía que la presidencia sería suya.

El 1 de diciembre de 1924 tomó posesión y desde el primer día se propuso institucionalizar la Revolución. Tal y como lo hizo en Sonora, apoyó las legislaciones liberales más importantes desde la Reforma. Organizó el sistema financiero y hacendario del país e incentivó la construcción de carreteras. Apoyó la reforma agraria, los movimientos obreros y la educación. Sin embargo, también expulsó a sacerdotes extranjeros, prohibió las procesiones y negó derechos políticos a los curas, con lo que dio inicio a la Guerra Cristera que dividió, de nueva cuenta, al país y que costaría 70 mil muertes en los tres años siguientes.

Tras el asesinato de Obregón en 1928, declaró que la etapa de las instituciones había comenzado y en marzo de

1929 fundó el Partido Nacional Revolucionario (PNR). Durante los siguiente años, Calles fue el poder detrás del poder, hasta que Lázaro Cárdenas decidió expulsarlo del país en 1936. Por cuatro años, vio su poder desintegrarse desde su residencia en California. No regresó al país sino hasta la administración de Manuel Ávila Camacho. Pero el "Jefe Máximo de la Revolución", como ha sido conocido, ya no tenía fuerza para retomar el control. Murió en la Ciudad de México el 19 de octubre de 1945.

# 81

## EMILIANO ZAPATA (1879-1919)

Su lucha estaba lejos de terminar. Fue por eso que no accedió a desarmar a sus tropas cuando los Tratados de Ciudad Juárez dieron fin a la Revolución Maderista y al sistema porfirista en mayo de 1911. No lo haría hasta que el reparto de las tierras de las haciendas de su estado se llevara a efecto. Ése había sido su propósito al unirse a la Revolución y apoyar el Plan de San Luis. Sin el reparto, no habría paz. Francisco León de la Barra, el presidente interino, lo llamó entonces bandolero y rebelde, y envió al sur del país a fuerzas para aprehenderlo. No era el primero en hacerlo.

Emiliano Zapata Salazar nació en San Miguel Anenenuilco, en el estado de Morelos, en el seno de una familia tradicionalmente campesina. Realizó algunos estudios, pero pronto tuvo que enfrentarse al trabajo agrícola para poder apoyar a su familia. Desde joven se dio cuenta de las injusticias cometidas en contra de los campesinos e indígenas, toleradas y promovidas por las políticas latifundistas del gobierno de Díaz. Muy pronto, Zapata se convirtió en un promotor de sus derechos.

En 1906, Zapata participó en una reunión en Cuautla en donde se discutía la defensa de las tierras del pueblo contra los hacendados vecinos. Su participación y rebeldía lo llevó a ser castigado con la leva dos años después, por lo que formó parte del 9º Regimiento de Caballería ubicado en Cuernavaca.

De vuelta a su pueblo natal, fue elegido presidente de la Junta de Defensa de las Tierras de Anenenuilco y desde esa posición comenzó, en 1909, su lucha. Cuando las autoridades, alertadas por los hacendados, llegaron al lugar, encontraron a los campesinos trabajando en paz, pero con una carabina al hombro. El mensaje era directo: la defensa al trabajo, la libertad y las tierras no eran cosa de juego. A pesar de su popularidad con el campesinado, o quizá por ello, el gobierno lo llamó bandolero y mandó fuerzas para aprehenderlo.

Zapata apoyó el movimiento maderista después de notar que en el Plan de San Luis se incluían las demandas agrarias. Sin embargo, al triunfo de ésta, el reparto no dio atisbos de concretarse. Como respuesta, tomó Yautepec, Cuautla y Cuernavaca y proclamó el Plan de Ayala, en el que hizo un llamado a levantarse en armas para restituir las tierras al pueblo, su dueño originario. En aquella ocasión, Juvencio Robles, un antiguo porfirista, se dirigió a Morelos para batirlo. La crueldad de Robles se hizo evidente de inmediato. Sin embargo, y a pesar de que en los informes del ejército eran los zapatistas quienes aparecían como bárbaros que violaban, incendiaban y asesinaban a diestra y siniestra, Madero prefirió mandar a un hombre de toda su confianza. Fue entonces que Felipe Ángeles relevó a Robles y, con su característica nobleza, luchó con decoro y honor contra los rebeldes. Sin embargo, para 1912, casi la totalidad del estado de Morelos era territorio zapatista.

La administración de Huerta, tras el asesinato a Madero, intentó atraerlo a su causa. Sin embargo, Zapata rechazó con rigor toda tentativa. Además de luchar contra él, se encargó de administrar los territorios bajo su control. En Morelos la tierra fue repartida; los ingenios, confiscados en beneficio del pueblo. Creó, además, un banco agrícola y fundó varias escuelas para niños y adultos.

Mientras tanto, continuó su lucha contra Huerta, sin que eso significara una adhesión al constitucionalismo encabezado por Venustiano Carranza. Zapata tenía su propia línea ideológica, plasmada en el Plan de Ayala, de la cual no se despegaría hasta su muerte. "Tierra y Libertad" no era sólo un lema de guerra, sino el principal objetivo de su lucha. Las fuerzas de Zapata crecieron con el tiempo y su área de influencia se expandió a Guerrero, Puebla y Tlaxcala. Para junio de 1914, incluso, se encontraba en las puertas de la capital.

Después de tomar Cuajimalpa, Xochimilco y Milpa Alta, la toma de la Ciudad de México parecía un hecho. Sin embargo, los constitucionalistas entraron primero. Aunque Carranza intentó aliarse con el morelense, éste no aceptó y con Villa acordó seguir luchando por la reforma agraria. Ambos entraron a la Ciudad de México y, por unos momentos, ocuparon el Palacio Nacional. La fotografía de aquel momento habría de pasar a la historia tanto como la fama del campesino sureño.

Luego de la Convención de Aguascalientes, Zapata siguió luchando por el centro y sur del país. Morelos, mientras tanto, quedó bajo la administración de los campesinos. Sin embargo, tras la derrota de los villistas a manos de Álvaro Obregón, el principal punto de apoyo del zapatismo también cayó. En los siguientes años los constitucionalistas tomaron paulatinamente los poblados más importantes de Morelos. Zapata, con falta de armas y municiones, tuvo que conformarse con hacer una guerra de guerrillas desde 1918.

En sus ansias por retomar el control de sus territorios, el Caudillo del Sur intentó aliarse con un militar de nombre Jesús Guajardo, quien aseguraba estar en contra de Carranza. Acordaron reunirse en la hacienda de Chinameca, Morelos, el 10 de abril de 1919. Zapata fue emboscado y acribillado. El gobierno constitucionalista había acabado con el símbolo de los campesinos desposeídos, dueños originales de las tierras.

Con la muerte de Zapata, la lucha por los derechos de los campesinos cayó en un declive, a pesar de ciertas reformas agrarias. Su participación ideológica, administrativa y militar durante la Revolución fue base y sustento de una clase social a la que poco se le prestaba atención. Las palabras del caudillo, "es mejor morir de pie que vivir toda una vida arrodillado", aún siguen calando en el alma mexicana.

## 82

## VITO ALESSIO ROBLES (1879-1957)

El clima político era tenso. La Revolución parecía haber terminado, pero una chispa era capaz de volver a incendiar al país. Y justamente esa chispa podía ser la reelección de Álvaro Obregón que comenzaba a maquinarse desde 1926. De inmediato, varios grupos políticos y militares se opusieron a la idea. Poco a poco, el gobierno de Calles fue deshaciéndose de lo más incómodos. Los generales Francisco Serrano y Arnulfo R. Gómez, entre ellos.

Nadie quería tener que ver con los inconformes. Cuando Gómez fue fusilado en Veracruz y trasladado a la Ciudad de México, su cuerpo quedó a la deriva. Incluso sus amigos más cercanos se rehusaron a encargarse de su velación por miedo a las represalias. Fue entonces cuando un coahuilense destacado por su carrera militar e intelectual, decidió actuar con temeridad y nobleza y le abrió las puertas de su casa: se trataba de Vito Alessio Robles.

No era ningún desconocido. Desde joven se había mudado de Saltillo, su ciudad natal, a la capital para estudiar en el Colegio Militar. Su paso por el Ateneo Fuente le había dado las herramientas para sobresalir y obtener el título de ingeniero, y luego para ascender en el ejército federal en tiempos de Porfirio Díaz.

Su lealtad le había llevado a luchar contra los yaquis y a participar en la Revolución Maderista; aunque después, con la misma prestancia, actuó bajo la administración de Madero como inspector general de la Policía, subdirector de Obras Públicas y agregado militar en Italia. Justamente se encontraba en Europa cuando ocurrió el asesinato de Francisco I. Madero, tras lo cual regresó a su país sólo para ser aprehendido por órdenes del pérfido Victoriano Huerta. Por varios meses estuvo preso en Tlatelolco, la Penitenciaría y San Juan de Ulúa.

Después se unió al movimiento constitucionalista en donde luchó bajo las órdenes de Pancho Villa. Sin embargo, sus conocimientos le obligaban a creer en las instituciones más que en las armas y en la Convención de Aguascalientes se dedicó a intentar la pacificación de los revolucionarios.

En la década de los veinte tuvo importantes puestos políticos y diplomáticos. Como presidente del Partido Antirreeleccionista, se opuso sin temor a las represalias a la intención de reelegir a Obregón. En 1928, cuando la candidatura del sonorense era ya un hecho, fue desterrado y durante varios años vivió en Austin, Texas, en donde escribió varios libros sobre historia que hoy en día siguen siendo referentes fundamentales.

Llegado el momento, Vito Alessio Robles dejó las armas para hacer su propia revolución por medio de las instituciones, el periodismo y la academia, dejando a su paso las huellas de la intelectualidad revolucionaria en México.

## 83

## LUCIO BLANCO (1879-1922)

Treinta años de su vida los había pasado trabajando en el campo. No le era ajena la pobreza de los campesinos, sus ansias de trabajo y la falta de oportunidades. En definitiva, el sistema porfirista había defraudado a esa parte de la población. El coahuilense Lucio Blanco no dudó por tanto en luchar al lado de un conocido de años atrás: Francisco I. Madero. Desde ese momento se convertiría en uno de los principales revolucionarios del país.

La lucha antirreeleccionista se vio fortalecida con la presencia de Blanco. Varias fueron las batallas en las que su valentía y coraje salieron a relucir. Comprometido con los ideales maderistas, Blanco luchó hasta las últimas consecuencias.

Vio con agrado el triunfo de la Revolución y el ascenso de Madero al poder. Bajo sus órdenes, no dudó en luchar contra la rebelión encabezada por Pascual Orozco y su participación fue vital para apaciguar al sublevado. Sin embargo, los momentos más complicados estaban por venir.

Tras el asesinato de Madero, la lealtad de Blanco fue notoria. De inmediato se unió al constitucionalismo de Venustiano Carranza para luchar contra Victoriano Huerta. Su firma se depositó en el Plan de Guadalupe y en varias de las victorias contra el ejército federal. Rápidamente ganó varios ascensos hasta llegar a general. Tras la toma de Matamoros, sus ideales volvieron a tomar predominancia. Influido por los repartos agrarios en el sur, comenzó a hacer lo mismo en el noreste del país. Sin embargo, Carranza sintió que estaba excediéndose en sus funciones y lo mandó llamar a Sonora en donde lo puso bajo la vigilancia de Álvaro Obregón. Con el sonorense, Blanco también tuvo sus diferencias y prefirió actuar bajo el mando de Francisco Villa.

La Convención de Aguascalientes se presentó ante Blanco como una oportunidad para realizar los ideales maderistas y revolucionarios en los que siempre creyó. Como delegado, se adhirió a ella con la misma lealtad que con Madero y, a la elección de Eulalio Gutiérrez como presidente, fue designado ministro de Guerra, lo que le impuso la responsabilidad de luchar contra Carranza. Pero sus ideas sociales le habían llenado de enemigos y tuvo que salir exiliado hacia Estados Unidos.

Reconciliado con el primer jefe, regresó al país tan sólo para ser aprehendido y juzgado. El Plan de Agua Prieta lo envió de nuevo al exilio y desde Texas comenzó a planear una rebelión para vengar el asesinato de Carranza. Fue asesinado en Nuevo Laredo, Tamaulipas, en 1922.

Lucio Blanco fue un revolucionario social, cuyos ideales lo llevaron al paredón y a la tribuna de la gloria suprema en la historia de México.

# 84

## ANTONIO DÍAZ SOTO Y GAMA (1880-1967)

Había bebido del seno familiar el liberalismo y el rechazo a la opresión. Impulsado a leer la historia de la patria, sintió el deber cívico desde muy temprana edad. Era inteligente y mordaz; llevaba su ideario político a flor de piel y lo trasladó al arte de las letras. A los veinte años de edad, ya presumía su título de abogado y una postura política inquebrantable. Había articulado una posición radical: antiporfirista, anticlerical y jacobino. Todas sus características lo convertían en enemigo de la administración.

Su carrera política se inició con su participación en la fundación del Club Liberal "Ponciano Arriaga", en el que ocupó los cargos de secretario y vicepresidente en 1900. Un año más tarde, conocería a otros importantes opositores a Díaz, como los hermanos Flores Magón, con quienes formaría el Partido Liberal, que constituyó el primer grupo político abiertamente contrario al sistema porfirista.

Ningún activista fue como Díaz Soto y Gama. Con vehemencia apoyó la organización del movimiento liberal, por lo que fue encarcelado en diversas ocasiones entre 1901 y 1902. Sin embargo, su oposición al sistema no languideció, incluso a pesar de haber tenido que salir del país rumbo a El Paso, Texas, huyendo de las huestes de don Porfirio en 1903. Sin embargo, las penurias económicas de su familia en México iban en aumento. Tuvo entonces que doblegarse ante su enemigo. Pidió a Díaz permiso para entrar al país y apoyar a sus familiares. A cambio, se le puso como condición no seguir ocasionando problemas. El joven potosino no tuvo más remedio que aceptar. Aunque siguió colaborando en periódicos como *Vésper* y *El Colmillo Público*, sus críticas contra el porfirismo disminuyeron.

El rebelde, sin embargo, habría de regresar tras la caída del oaxaqueño. Vio con agrado la llegada de Madero al poder, pero se desencantó cuando éste decidió proseguir con algunas políticas del viejo orden. Fue entonces, en 1911, que conoció a Emiliano Zapata, con quien de inmediato coincidió en los ideales agrarios. Esta nueva bandera sería la que lo daría a conocer y elevar hasta las tribunas más gloriosas de la historia del país.

Como diputado creó iniciativas que apoyaron la reforma agraria y fundó la Casa del Obrero Mundial, que unía y defendía los intereses de los trabajadores. Durante el resto de su vida, abogó por los derechos sindicales y exigió el reparto de tierras a los gobiernos emanados de la Revolución. Soto y Gama vivió entregado a sus ideales hasta el día de su muerte, de una forma modesta y al lado de su numerosa familia. A su entierro, miles de campesinos lo acompañaron en reconocimiento de sus acciones. No pudo haber mejor homenaje para Antonio Díaz Soto y Gama que ése.

## 85

## ÁLVARO OBREGÓN (1880-1928)

Era el único jefe militar que podía darle alguna oposición a la División del Norte de Francisco Villa. Y con la confianza de Venustiano Carranza, se dirigió al Bajío con sus tropas en busca del guerrillero. El sonorense sabía que no sería sencillo, pero en su mente sólo se vislumbraba la victoria. Al fin de cuentas, era el general invicto. Por eso no fue sorpresa para él que tanto en Celaya, como en León y Silao, la derrota fuera villista. La gloria, sin embargo, le costó caro. En una de las batallas fue herido en uno de sus brazos. No había otra forma de salvarlo que no fuera amputándoselo. Desde entonces, Álvaro Obregón fue conocido como "El manco de Celaya".

Ya había demostrado sus dotes militares cuando luchó contra Victoriano Huerta. Gracias a él, plazas como Guadalajara y Querétaro fueron tomadas, lo que precipitó la caída del dictador. Pero sus virtudes y triquiñuelas políticas estaban por ser conocidas.

En 1916 fue designado por el primer jefe constitucionalista como secretario de Guerra, pero un año más tarde volvió a Sonora para dedicarse a la agricultura. No obstante, su mente estaba puesta en la silla presidencial.

En 1919 decidió contender en la elección presidencial sin contar con la venia de Carranza. Por ello promulgó el Plan de Agua Prieta que terminó con el asesinato del coahuilense y el ascenso al poder de Adolfo de la Huerta como interino. En las siguientes elecciones, unos meses más tarde, Álvaro Obregón subiría al tan ansiado poder.

Desde la silla presidencial intentó a toda costa controlar a los demás jefes revolucionarios. "No hay general que aguante un cañonazo de 50 mil pesos", dijo en alguna ocasión. Ya fuera por medio del soborno o de la violencia, disciplinó al ejército. Negoció además la deuda externa, inició la reforma agraria y entabló relaciones con Estados Unidos y la Unión Soviética. Además, creó la Secretaría de Educación Pública y apoyó las uniones obreras. El poder le había sentado bien.

Enfrentó y derrotó en seis meses la rebelión delahuertista cuando se supo que su sucesor sería Plutarco Elías Calles. A la toma de posesión de éste, se retiró a Sonora para encargarse de sus negocios. Sin embargo, no había persona con más poder político que él. Y desde la lejanía, no podía dejar de ver el Palacio Nacional. Convenció a Calles de reformar la Constitución para poderse reelegir. Para el año de 1928, todo estaba listo para su regreso.

Sin embargo, cuando ya había sido declarado presidente electo, el 17 de julio del mismo año, durante una comida en su honor en el restaurante La Bombilla, fue asesinado por José de León Toral. El controvertido caudillo, sin embargo, le había ganado la batalla al olvido.

## 86

## JESÚS GARCÍA CORONA (1881-1907)

Aquel día no le tocaba ser el conductor del tren que hacía diariamente el recorrido de Nacozari, en el estado de Sonora, a la mina de Pilares. Eran tan sólo cuatro kilómetros de distancia, pero su importancia radicaba en la riqueza que la mina generaba. Sin embargo, aquel día a Jesús García Corona no le correspondía la conducción del ferrocarril.

Su vida había estado entregada a las artes mecánicas del caballo de acero. Aunque había nacido en Hermosillo, el auge económico de Nacozari, derivado de la mina de Pilares, había llevado a la familia a radicar en ese lugar. La pasión de Jesús por los trenes lo llevó a convencer a los encargados de la oficina del ferrocarril de la Compañía Minera de ofrecerle trabajo como aguador. No era lo que el joven soñaba, pero era un principio.

A los 20 años logró hacer su sueño realidad al ser designado ingeniero de máquinas. Aquella mañana del 7 de noviembre de 1907 fue informado que Alberto Biel, el maquinista a quien correspondía operar el tren, se encontraba enfermo. Jesús García Corona decidió tomar su lugar y dirigir él mismo el ferrocarril. El primer viaje no tuvo ninguna complicación y se aprestaba para terminarlo cuando fue informado que debía llevar diez toneladas de explosivos más para la ampliación de la mina.

Al llegar a Nacozari, Jesús fue a visitar a su madre mientras los ingenieros acomodaban los vagones. Por un trágico error, en los dos primeros vagones, después de la cabina, se encontraban los explosivos. No sabían que la máquina tenía un terrible desperfecto. El propio Jesús se había dado cuenta de que las mallas que debían sofocar el fuego del carbón que servía para impulsar el tren no funcionaban a la perfección y libraban brasas ardientes hacia el exterior. Para cuando Jesús regresó e inició su viaje hacia la mina, el destino ya estaba marcado. Con los primeros movimientos de la máquina, las chispas llegaron hasta los vagones donde se encontraba la dinamita. De inmediato comenzó el fuego. Los ayudantes de Jesús se dieron cuenta e intentaron apagarlo. Sin embargo, el aire que producía el propio tren avivó aún más las llamas.

Jesús tuvo que tomar una decisión rápida. De un grito les exigió a sus compañeros que dejaran el tren. Los auxiliares saltaron mientras Jesús imprimía más velocidad al ferrocarril humeante. Sólo pasaron unos minutos antes de que se escuchara el fuerte rugido de la explosión. Trece personas que estaban cerca de la vía, además de García, murieron al instante. Sin embargo, el Héroe de Nacozari, como sería después conocido, había salvado al pueblo entero de una muerte segura. La existencia de Nacozari sirve de homenaje a uno de los más grandes y discretos héroes populares.

## 87

## PÁNFILO NATERA (1882-1951)

La pobreza de su familia le impidió ir a la escuela. Pero eso no significaba que no supiera diferenciar lo que estaba bien de lo que estaba mal. Y el asesinato de Francisco I. Madero, así como la usurpación del poder por parte de Victoriano Huerta, no eran correctos. No necesitaba tener un título académico para saberlo. Tampoco requería instrucción militar para tomar las armas y luchar contra la injusticia. Sólo le bastaba su corazón de campesino, su fortaleza de hombre y su sed de libertad.

Con setenta de sus rurales, Pánfilo Natera se lanzó en aquel 1913 a luchar en contra de la dictadura. No era nuevo en los embates de la Revolución. Ya había luchado al lado del movimiento maderista para derrocar el sistema porfirista y enarbolar el reparto de tierras a lo largo del país. Participó en varias de las tomas más importantes del centro del país contra el ejército federal. Especialmente en su estado natal, Zacatecas.

De igual forma, ya con Madero en el poder, había defendido el régimen contra la rebelión de Pascual Orozco. Justo se encontraba en el poblado de Nieves, Zacatecas, en el momento en que supo de la traición de Huerta y el consecuente asesinato de Madero y Pino Suárez.

Con sus rurales, se batió en Zacatecas, Aguascalientes, Jalisco y Durango, logrando victorias fundamentales para el movimiento constitucionalista, que lo ascendió a general brigadier y le dio el mando de la División del Centro. Participó junto con Villa en la toma de Torreón y el primer jefe, Venustiano Carranza, le mandó encabezar la toma de Zacatecas. La victoria, gracias al apoyo de las huestes villistas que contrariaron las órdenes dadas por Carranza de no involucrarse, lo fundieron de luces.

Se le concedió entonces la comandancia militar y gubernatura provisional de Zacatecas, desde donde sus ideas agrarias comenzaron a hacerse realidad. Sin embargo, la escisión revolucionaria, así como su fugaz apoyo a los convencionistas de Aguascalientes, lo llevaron a renunciar al gobierno estatal y a desconocer a Villa. De vuelta en los campos de batalla fue aprehendido en 1916 y llevado a la Ciudad de México. Sin embargo, a los pocos meses las fluctuaciones políticas lo dejaron en libertad y regresó al ejército, aunque sus glorias se encontraban muy lejanas.

Aun así defendió el gobierno de Obregón contra la rebelión delahuertista en 1923-1924. Volvió a brillar durante su gubernatura en Zacatecas entre 1940 y 1944 en donde retomó las políticas agraristas que había dejado pendientes durante la vorágine de la Revolución. Y con el recuerdo de haber satisfecho los objetivos de su vida, el que era un pobre campesino acabó su vida, en 1951, convertido en un héroe.

# 88

## JOSÉ VASCONCELOS (1882-1959)

México comenzaba a despertar después de diez años de intensa lucha y sangre derramada. El remolino de la Revolución había dejado al país hecho pedazos, entre la guerra y los enconos caudillistas por el poder. En aquel 1920, era momento de comenzar una nueva etapa en la vida nacional. La sociedad debía aprender de la inestabilidad política y social del pasado y comenzar a identificar la solución a los problemas por los que había iniciado el movimiento armado. Así lo veía también el oaxaqueño. Fue por eso que, durante su gestión como rector de la Universidad Nacional, acuñó un escudo y un lema académico que habría de perdurar para siempre; una frase que hablara del pasado y que incitara la esperanza de un mejor futuro: "Por mi raza hablará el espíritu".

Había creído en la Revolución desde el primer momento. Se adhirió a los ideales maderistas y por ellos combatió en los campos de batalla. Sin embargo, sus aportaciones más importantes fueron en el ámbito intelectual. El pensamiento del oaxaqueño había cimbrado la esfera porfirista desde antes del levantamiento armado. Con varios jóvenes había creado el Ateneo de la Juventud Mexicana, que tiempo después sería llamado el Ateneo de México, donde criticaban al gobierno de Díaz y a la educación emanada del sistema. Por ello no dudó en unirse a la campaña presidencial de Madero. Incluso, se presume que fue gracias a él que el lema "Sufragio Efectivo. No Reelección" fue recuperado y utilizado.

Tras el derrocamiento de Díaz, Vasconcelos se convirtió en el intelectual del maderismo. Desde las páginas de varios periódicos, defendió a capa y espada el régimen del coahuilense y las ideas emanadas del Plan de San Luis. Incluso después de la traición de Victoriano Huerta, continuó enarbolando aquel grupo revolucionario. Apoyó a Carranza, de quien fue agente confidencial frente a varios gobiernos europeos. Sin embargo, pronto se distanció de él, por lo que a su regreso a México se le giró orden de aprehensión. El intelectual decidió marcharse al exilio nuevamente.

Su pluma siguió atacando al régimen con tal agudeza como lo haría, años después con los gobiernos de Plutarco Elías Calles y Lázaro Cárdenas del Río. Era un personaje notable. Enamoradizo y carismático, celoso a morir, logró ganarse con sus ideales a toda una generación de jóvenes, hijos de la Revolución. Fue por ello que su designación, en 1920, como rector de la Universidad Nacional no fue sorpresiva. La era del maestro Vasconcelos había comenzado y sería una de sus más brillantes etapas.

Bajo el mandato de Obregón fundó la SEP. Desde esa trinchera intentó llevar el conocimiento a todo el país. Creó y llevó a efecto la primera campaña contra el analfabetismo en la historia de México, implantó misiones culturales y apoyó la apertura de bibliotecas a lo largo y ancho de la república. Sus esfuerzos lo llevaron a reeditar los clásicos de la literatura universal, que viajaron a los poblados más alejados. El pueblo tuvo, gracias a Vasconcelos, acceso inédito a la literatura. Fomentó el arte y el muralismo mexicano. Pero fundamentalmente, apoyó el concepto de la cultura mestiza como parte de integración e identificación de los mexicanos y latinoamericanos. Nadie como el maestro Vasconcelos para modernizar la educación.

Sin embargo, sus principios no variaban. En cuanto supo que el candidato a la presidencia en 1924 sería Calles, renunció. Se lanzó a la gubernatura de Oaxaca, pero fue derrotado. Decidió entonces salir nuevamente del país. A su regreso, fue postulado como candidato a la presidencia por el Partido Nacional Antirreeleccionista en 1929. Aunque los jóvenes lo apoyaron, la sombra del fraude dio la victoria a Pascual Ortiz Rubio. Frustrado y decepcionado, Vasconcelos salió nuevamente del país.

A pesar de que intentó crear una revolución, nadie le tomó la palabra. El abogado, maestro, escritor, político y filósofo siguió escribiendo por mucho tiempo más. Sin embargo, había dejado sus mejores años al beneficio de la patria. Su memoria continúa como ejemplo para las generaciones presentes y futuras.

## GUSTAVO GARMENDIA (1883-1913)

Los tiempos eran aciagos. Desde hacía varios días ya, la rebelión de Félix Díaz había convertido a la capital en zona de guerra. El presidente Madero apenas se daba tiempo para dar instrucciones y pedir reportes sobre los últimos movimientos del enemigo. Aquel 18 de febrero de 1913, se encontraba en uno de los salones de Palacio junto con el vicepresidente, varios de sus ministros y el gobernador del Distrito Federal, Federico González Garza, cuando el teniente coronel Teodoro Jiménez Riveroll entró intempestivamente al salón para aprehender al presidente. Madero se opuso pero insistió y tomó Jiménez Riveroll del brazo al presidente. El alboroto había llamado la atención de los demás ministros, quienes salieron a ver lo que ocurría. Madero logró quitarse de encima al militar, y se alejó, junto con los ministros al Salón de Acuerdos. Riveroll lo siguió hasta ahí y junto con él entraron veinte soldados armados. Pero uno de los oficiales, leal todavía a Madero, ordenó que estos últimos se retiraran, a lo que la tropa obedeció. Alguien se dio cuenta de lo que en realidad estaba sucediendo. "¡Traición!", se escuchó en el salón y Riveroll, sabiéndose descubierto, comenzó a ordenar a los soldados para que dispararan, pero antes de que hubiese terminado la oración, un disparo le quitó la vida. Se trataba del capitán Gustavo Garmendia.

Desde 1911 había ingresado al Estado Mayor del presidente Francisco Ignacio Madero y había contado con su confianza para nombrarle inspector general de Policía. Aquel día, como desde el inicio de la Decena Trágica, había estado junto al presidente. Sin embargo, no pudo salvarle de la traición de Huerta.

Obligado por las circunstancias, huyó hacia California, pero sólo pasó en esas tierras unos días. Regresó y fue recibido por Venustiano Carranza como lo que era: un héroe. Bajo el grado de teniente coronel, se unió al constitucionalismo. Unos meses más tarde, sin embargo, durante la toma de Culiacán, el 12 de noviembre de 1913, fue herido por un balazo que lo desangró hasta la muerte en medio del combate. El oaxaqueño había cumplido con su misión de proteger los intereses de la nación; aunque su vida dependiera de ello.

## 90

## EUGENIO AGUIRRE BENAVIDES (1884-1915)

Si bien es cierto que Pancho Villa tenía en Rodolfo Fierro a su mano izquierda y a Felipe Ángeles a la derecha, su fortaleza dependía de otros grandes militares que campaña tras campaña se jugaban la vida junto con él. Uno de ellos era el coahuilense Eugenio Aguirre Benavides. Las dotes militares del nacido en Parras de la Fuente eran notorias. Durante los cuatro cortos años que duró su participación en la lucha armada, Aguirre Benavides demostró su inteligencia, valor y prestancia en cada batalla. Con la patria como bandera recorrió el norte del país cosechando una victoria tras otra.

Su tierra era la misma que la de Francisco I. Madero. Tan sólo once años menor que él, conocía las razones por las que disentía con el régimen porfirista. Por eso no dudó en hacerse antirreeleccionista desde el primer día. Así como sus hermanos, Luis y Adrián, tomó las armas cuando la palabra se hizo insuficiente y el gobierno porfirista volvió a reelegirse. Al triunfo de la Revolución Maderista, defendió su régimen contra la sublevación de Pascual Orozco en el norte del país. Posteriormente peleó contra la dictadura de Huerta tras el asesinato de Madero. Fue entonces que encontró en Pancho Villa el mando a seguir.

Con el Centauro del Norte, obtuvo la comandancia de la Brigada Zaragoza, con la cual obtuvo grandes triunfos que fueron de gran valor para el movimiento revolucionario. En 1913, brilló en el ataque a Chihuahua y un año después en las tomas de Tlahualilo, Sacramento, Torreón, San Pedro de las Colonias y, muy especialmente, Zacatecas, esta última en junio de 1914, desconociendo lo mandado por Venustiano Carranza que pretendía un ataque parcial. Con la división de dos de los jefes más importantes de la Revolución en el momento —Zapata continuaba en pie de lucha en el sur del país—, Eugenio continuó bajo las órdenes de Villa. Sin embargo, durante la Convención de Aguascalientes, y a pesar de ir en representación de Villa por quien abogó en todo momento, decidió continuar su lucha con el presidente electo por la convención: Eulalio Gutiérrez.

Para Francisco Villa, la acción de Aguirre Benavides fue una grave traición y prometió que, en caso de encontrárselo en el camino, lo haría fusilar. No habría tiempo

para ello, pues durante el peregrinaje del presidente Gutiérrez rumbo al norte, fue hecho prisionero en las cercanías
de Los Aldamas, Nuevo León, por el coronel carrancista
Teódulo Ramírez, que militaba bajo el mando de Emiliano
Nafarrate. Fue fusilado el 2 de junio de 1915 uno de los
grandes revolucionarios que aún luchan por no quedar en
el olvido.

## 91

## JOSÉ ISABEL ROBLES (¿?-1917)

La instrucción del primer jefe del Ejército Constitucionalista, Venustiano Carranza, era reforzar las tropas comandadas por Pánfilo Natera García y Domingo Arrieta León para tomar Zacatecas y batir a las tropas huertistas comandadas por Luis Medina Barrón. De acuerdo con lo mandado, sólo el zacatecano debía ir en auxilio de los otros generales. Sin embargo, José Isabel Robles sabía que, sin el apoyo de Francisco Villa, el combate conduciría a una derrota que lastimaría enormemente al movimiento revolucionario. Fue así que decidió informar a Villa, esperarlo y atacar Zacatecas con toda la División del Norte. La acción, aunque significó un desacato a las órdenes del coahuilense, fue un éxito militar y político. El régimen espurio de Victoriano Huerta había sido herido de muerte.

No era la primera vez que José Isabel Robles demostraba su lealtad hacia Pancho Villa. Había ingresado a las filas constitucionalistas desde 1913 y como jefe independiente operó en la región de la Comarca Lagunera, Durango y

Zacatecas. Pero pronto se integró a la División del Norte, en la que consiguió su mayores glorias.

Fue fundamental para la toma de Torreón de aquel año, cuando se le comisionó que desde Durango interrumpiera la comunicación ferroviaria por medio de la cual las tropas federales intentarían llegar a la ciudad coahuilense para repeler el ataque. Robles actuó en aquellos momentos con valor y eficiencia, a pesar de haber salido herido en uno de los combates, lo que le impidió apoyar en la toma de la plaza. Poco tiempo le llevó la convalecencia, pues a los pocos días estaba de nuevo en el campo de batalla. Le dio tiempo para estar presente en la tomas de San Pedro de las Colonias y Paredón. Enviado especialmente para conseguir ese fin, tomó Saltillo lo que lo catapultó dentro de la División del Norte. Villa confiaba en él como uno de sus más importantes jefes militares.

Fue por ello su sorpresa cuando, después de mandarlo como representante de la División del Norte a la Convención de Aguascalientes, éste decidió continuar su lucha al lado de Eulalio Gutiérrez, el presidente emanado de aquel concilio. Robles, a quien fue otorgada la cartera de Guerra y Marina, acompañó a Gutiérrez en su recorrido rumbo al norte del país.

Meses más tarde, reconoció a Venustiano Carranza como jefe supremo del movimiento revolucionario. Fue entonces enviado a combatir a los jefes soberanistas en Oaxaca. Pero Robles entró en una etapa complicada de su vida. Algunos aseguran que comenzó a perder la razón. El caso es que en 1916 desconoció de nueva cuenta a Carranza y dio inició a una nueva rebelión. Pronto fue capturado y fusilado en el Campo Marte de Oaxaca el 2 de abril de 1917.

# 92

## FRANCISCO J. MÚGICA (1884-1954)

Sabía que su vida estaba en las manos de su captor. Lo habían acusado de usurpar el poder gubernamental en su propia tierra, aunque la realidad era muy diferente. El michoacano había tomado la gubernatura bajo la bandera del Plan de Agua Prieta, pero pronto se enemistó con Álvaro Obregón. Era por instrucciones de éste que ahora lo llevaban cautivo. Sólo una esperanza le quedaba: que Lázaro Cárdenas, a quien conocía bien, le perdonara la vida antes de llegar a la Ciudad de México.

Francisco J. Múgica llevaba tatuada en la piel la estampa de la rebelión. Su estirpe académica lo hacía ilustrado y comprometido. Aprovechó desde muy joven la ventana del periódico opositor *Regeneración* para atacar el sistema porfirista y apoyar la candidatura de Bernardo Reyes, por lo que fue aprehendido. Tras ser liberado, su vida fue revolucionaria para siempre. Se unió al movimiento maderista y viajó a San Antonio, Texas, en 1910 para participar en la junta revolucionaria que promulgaría el Plan de San Luis y el inicio de la Revolución Mexicana.

Bajo las órdenes de Pascual Orozco, estuvo presente en la toma de Ciudad Juárez a principios de 1911, batalla que dio al traste con la administración porfirista. Pero su lucha distaba de terminar.

Dos años más tarde, Múgica se encontraba con Lucio Blanco realizando el primer reparto agrario. Luego se uniría al movimiento constitucionalista con Carranza y Obregón. En esos tiempos encabezó el grupo armado en Michoacán, en donde conoció a Lázaro Cárdenas. Muchos años después, en 1923, de él dependía su vida. Un telegrama de Obregón le ordenó a Cárdenas fusilarlo. En ese momento, el michoacano tomó una de las decisiones más importantes para el futuro del país: decidió dejar escapar a Múgica. El tiempo habría de darle razón.

Durante el Congreso Constituyente de 1916, Múgica participó como diputado y sentó las bases para los artículos 3, 27 y 123, que constituyen parte esencial de la Constitución de 1917. Eso es lo que tenía en mente Lázaro Cárdenas cuando leyó ese telegrama y cuando, varios años después, lo designó secretario de Economía y de Comunicaciones y Obras Públicas durante su gobierno. Múgica estaba hecho para grandes cosas y su mayor privilegio fue escribir el manifiesto en que Lázaro Cárdenas anunció a la nación la expropiación del petróleo el 18 de marzo de 1938.

Aunque además fue gobernador de Tabasco y Baja California Sur, precandidato a la presidencia en 1939, y miembro del Partido Comunista y del Buró Latinoamericano de la Internacional Comunista, Múgica ha pasado a la eternidad gracias a su participación como ideólogo de la Constitución y autor intelectual de la expropiación petrolera.

# 93

## JOAQUÍN AMARO (1889-1952)

Su padre fue un maderista acérrimo. Así que cuando se enteró del asesinato de don Francisco por órdenes de Victoriano Huerta, decidió enfrentarse a éste hasta las últimas consecuencias. Desde ese instante, las huestes de Huerta encontraron en él a un enemigo complicado de vencer. El estado de Michoacán, que se convirtió en su centro de operación, fue prácticamente intocable para el ejército federal. La fama del zacatecano pronto le valió el reconocimiento de todo el país. Las batallas que le esperaban sólo confirmarían su conocimiento del arte castrense.

Había entrado a la Revolución en 1911 como soldado de las fuerzas de Domingo Arrieta. En el régimen maderista, fue escalando posiciones en las jerarquías militares. Su lucha contra el régimen de Huerta le valió un mayor reconocimiento y se alió al movimiento constitucionalista con Venustiano Carranza. Sin embargo, tras la Convención de Aguascalientes decidió proteger al régimen emanado en la persona de Eulalio Gutiérrez.

Esta vez, la suerte no le benefició y las derrotas contra huestes villistas lo hicieron retroceder hacia el sur. Poco tiempo después, volvió al lado de Carranza y su fama empezó a crecer. Los "Rayados" de Amaro, como fueron conocidos sus soldados por usar uniformes de la cárcel de San Juan de Ulúa, obtuvieron importantes victorias como la toma de Silao, Guanajuato, que estaba en poder de los villistas. Obregón les echó mano y con su apoyo se logró la victoria en la batalla de Celaya, que permitió el control carrancista en el país.

Con el paso de los años, continuó luchando y acumulando victorias lo mismo contra villistas que contra zapatistas. Fue nombrado comandante militar de la zona norte del país y en 1920 se unió al Plan de Agua Prieta como parte de la División del Norte. Sin embargo, sus dotes le hicieron ingresar al complejo círculo político al ser nombrado en 1924 encargado del despacho de Guerra y Marina. Su excepcional actuación lo llevó a ser nombrado secretario de Guerra durante las presidencias de Plutarco Elías Calles, Pascual Ortiz Rubio y Emilio Portes Gil. Durante esos años, de 1924 a 1931, reorganizó al ejército implantando técnica y disciplina, y promoviendo actividades deportivas y culturales.

Sin lugar a dudas, como secretario de Estado brilló tanto como cuando lo hizo en los campos de batalla y siempre con el bien de la patria en la mente. Su amistad con Plutarco Elías Calles le trajo algunos problemas durante el mandato de Lázaro Cárdenas y le fue concedida una licencia ilimitada del ejército. Sin embargo, sus actuaciones le habían dado ya la certeza de haber trabajado por el bien de su país. Idea con la que "El Indio", como también era conocido, partió de este mundo en 1952.

## 94

## FRANCISCO R. SERRANO (1889-1927)

Esperaba noticias de la Ciudad de México mientras, impaciente, se paseaba dentro de su habitación en el hotel Bellavista en Cuernavaca. Había planeado junto con Arnulfo R. Gómez un complot contra Álvaro Obregón y Plutarco Elías Calles. Todo tendría que haber sucedido en la tarde de aquel 2 de octubre de 1927. Y sin embargo, el mensaje de éxito no llegaba. Sabía que en caso de fallo, su vida estaba sentenciada.

El encanto del poder le había llamado. A pesar de una larga amistad con Obregón, había decidido contender en las elecciones presidenciales contra él en ese 1927. Sabía que no había esperanza para la victoria: todo el aparato gubernamental, comandado por la mano del presidente Plutarco Elías Calles, estaba a la entera disposición del sonorense. Así que no tenía otra salida que aliarse con otro de los contendientes, Arnulfo R. Gómez, y organizar un golpe de Estado. Todo estaba perfectamente planeado. Aún así, las noticias no llegaban.

A pesar de su corta estatura —Obregón le llamaba su "dedo chiquito"—, había destacado en el ámbito militar. La Revolución le dio la oportunidad de sobresalir en el campo de batalla y de aprender las mañas de los poderosos. A pesar de ser sinaloense, se unió a los sonorenses Obregón y Calles, y se los ganó con su coraje y viveza. En alguna ocasión, Serrano no dudó en otorgar grado militar a un civil para acusarlo de insurrección y fusilarlo "conforme a la ley". Todo eso era del agrado de Obregón, quien no dudó en nombrarlo secretario de Guerra durante su régimen, de 1920 a 1924. Calles, por su parte, habría de premiar sus ocurrencias otorgándole la gubernatura del Distrito Federal.

Sin embargo, ha pasado a la historia por luchar contra la reelección de su antiguo amigo, Álvaro Obregón. Si bien es cierto que aquella proclama de "Sufragio Efectivo. No Reelección" que dio inicio a la Revolución había sido violada por los sonorenses, también es importante señalar que Serrano quería para sí la silla presidencial. Y pensando en ella es que había planeado la rebelión contra Obregón, de la cual, mientras bebía una copa de cognac en Cuernavaca, nada sabía.

El plan era aprovechar que Obregón y Calles atenderían aquel 2 de octubre a unas maniobras militares, durante las cuales la guarnición de la capital los aprehendería. Sin embargo, la experiencia de los sonorenses los hacía actuar con anticipación. Aquella mañana, Amaro había hecho prisioneros a todos los posibles insurrectos. Las maniobras militares se realizaron sin novedad.

Al siguiente día, Serrano fue aprehendido y conducido hacia Huitzilac, donde fue asesinado. Desde entonces es considerado uno de los mártires de la Revolución.

## 95

## RAFAEL BUELNA (1890-1924)

Tenía apenas 19 años y su historial en contra de la administración de Porfirio Díaz era ya largo. Destacado desde la primaria, había crecido con la estrella que sólo los líderes llevan en la frente. Su inteligencia y don de mando le habían hecho sobresalir a cuanto lugar acudía. Tenía facilidad de palabra, era risueño y contaba con el don de la escritura, a la cual deseaban sus padres se dedicara. Sin embargo, él tenía otras ideas. Por eso no debía extrañar que en 1909 fuera el que organizara una marcha juvenil en Culiacán contra la reelección de Porfirio Díaz. El castigo fue su expulsión del Colegio Civil Rosales. Su recompensa fue convertirse en uno de los jóvenes revolucionarios más importantes de la época.

Nacido en la villa de Mocorito, en Sinaloa, nadie se explicaba cómo era que aquel joven tenía ideas políticas tan definidas. Aunque quizá sin mucho fundamento teórico, se oponía al autoritarismo de Díaz y de Francisco Cañedo, gobernador de Sinaloa. Su rebeldía, pensaban algunos, debía componerse con su traslado a Guadalajara en donde proseguiría sus estudios.

Llegada la hora de las armas incursionó en la guerrilla de Tepic y participó en varias escaramuzas en apoyo a Madero. Sin embargo, su destino le tenía marcado participar abiertamente en otras batallas cuando el traidor Victoriano Huerta llegó al poder.

Tenía apenas 23 años cuando fue nombrado general brigadier por el propio Carranza y varias fueron sus hazañas durante el trayecto de las fuerzas obregonistas hacia la capital del país. Venció a importantes generales reconocidos como Lázaro Cárdenas del Río, a quien perdonó la vida. En el campo de batalla era impetuoso y temerario. Poco conocía de estrategia militar, pero con el tiempo aprendió hasta los más íntimos secretos de la guerra.

Durante el régimen de Eulalio Gutiérrez, se le confirió el cargo de jefe de la División de Occidente que se encargaba de las operaciones en Sinaloa, Tepic y Jalisco. Con la separación entre Carranza y Villa, decidió continuar con el segundo y marchó hacia el centro del país. Pero, como todo buen revolucionario, no quiso descuidar Tepic y pidió a Villa el envío de armamento para seguir con esa plaza, lo que no sucedió. Buelna decidió obrar por su propia cuenta a pesar de ganarse el descontento de Villa, quien ordenó su fusilamiento; sin embargo logró escapar hacia Estados Unidos.

El "Grano de Oro", como lo conocían en su familia, no dejaría las armas. Durante la rebelión delahuertista volvió a combatir. Sin embargo, esta vez la suerte no lo acompañó y fue herido de muerte en una batalla cerca de Morelia, Michoacán, el 23 de enero de 1924. Tenía 34 años y toda una lista de glorias revolucionarias.

## 96

## VICENTE LOMBARDO TOLEDANO (1894-1968)

Formaba parte de una generación de destacados hombres. Junto con él, personas como Manuel Gómez Morín, Alfonso Caso, Alberto Vázquez del Mercado, Jesús Moreno Baca, Antonio Castro Leal y Teófilo Olea y Leyva formaría el grupo conocido como "Los siete sabios de México". En ellos recayó la reconstrucción de un país que salía de la vorágine de la Revolución. Y el poblano Vicente Lombardo Toledano fue el primero en esforzarse porque de ese nuevo país se sentaran las bases para unas instituciones sólidas sobre las cuales construir un futuro promisorio.

Antes de cumplir los treinta años, Lombardo Toledano había egresado de la Escuela Nacional de Jurisprudencia y ocupado varios puestos directivos en la Universidad Nacional, había sido electo como gobernador interino de su estado, como diputado federal y como miembro de la Confederación Regional de Obreros de México (CROM).

Fue justamente en ese puesto en el que encontró su verdadera pasión. La defensa a los derechos de los trabajadores, por medio de su organización en confederaciones y sindicatos, fue su más alto objetivo. Durante años luchó porque ellas fueran la representación exacta de los ideales que surgieron durante la Revolución. Sin embargo, pronto se encontró con la limitación de Plutarco Elías Calles, que pretendía que la CROM fuera una herramienta de Estado más que un grupo de defensa de los derechos laborales. Cuando las elecciones de 1929 se acercaban, Lombardo se alejó de la CROM para siempre.

Continuó su lucha mediante la formación de otras organizaciones como la Confederación General de Obreros y Campesinos de México, y la Confederación de Trabajadores de México (CTM) en 1936, que presidió por varios años. Apoyó desde ahí la presidencia de Lázaro Cárdenas y sus reformas sociales que incluyeron la expropiación petrolera. Hasta que nuevos jóvenes llegaron a exigir sus lugares, Lombardo Toledano no se hizo a un lado. Una nueva generación, encabezada por Fidel Velázquez, ocupó su lugar.

Siguió impulsando los movimientos de izquierda. De hecho, hizo un llamado a formar un partido político —Partido Popular— que sirviera de contrapeso al Partido Acción Nacional. Sin embargo, no logró que esa nueva corriente política tomara el peso necesario.

Las instituciones creadas por Lombardo Toledano fueron indestructibles con el paso de los años. Si ellas se desvirtuaron en algún momento de la historia reciente, esto no fue culpa del poblano. La defensa de los obreros y trabajadores, en un país que se recuperaba luego de varios años de guerra sangrienta, era fundamental. En Lombardo Toledano, se encontró no al mejor izquierdista, sino al mejor institucionalista y defensor jurídico de los obreros.

## 97

### LÁZARO CÁRDENAS DEL RÍO (1895-1970)

Plutarco Elías Calles, que lo había lanzado a la presidencia, se convirtió en su principal enemigo durante los primeros años de su administración. El sonorense estaba acostumbrado al poder y a que sus designios fueran obedecidos. Pero el nuevo presidente no estaba dispuesto a aceptar ningún tipo de injerencia, aunque ésta proviniera del Jefe Máximo de la Revolución. Todo parecía destinado a explotar en una nueva sublevación armada. La era de las instituciones en México estaba en peligro.

Lázaro Cárdenas del Río, nacido en Jiquilpan, Michoacán, no tenía mucho tiempo de haber tomado posesión. Aunque había participado en las luchas revolucionarias desde 1923 y había tomado parte en diversas rebeliones, alcanzando el grado de general de división en 1928, su fama militar era casi nula. No obstante, desde que obtuvo la gubernatura de su estado sobresalió como administrador político.

En Michoacán se preocupó por fundar escuelas, hospitales e instituciones de beneficencia, por organizar a los obreros y repartir tierras a los campesinos, preocupaciones que habrían de acompañarlo durante su presidencia en el Partido Nacional Revolucionario (PNR) y su participación en la secretaría de Gobernación, al mando del presidente Pascual Ortiz Rubio, y de Guerra con Abelardo L. Rodríguez.

En 1933, su candidatura, apoyada por el propio Calles, despertó mucho interés en las clases más desprotegidas. Sin embargo, durante su campaña Cárdenas no parecía dispuesto a alejarse de las ideas del jefe máximo, o incluso, de las emanadas del PNR, que había promulgado un plan sexenal que habría de regir las normas de su gobierno.

Una vez en el poder, todo fue diferente. Cárdenas era una persona afable y carismática que a lo largo de su vida logró hacer más amistades que enemistades. Del Ejército se ganó la lealtad; de los obreros, indígenas y campesinos, el respeto. El empresariado nacional creyó en su proyecto económico y la Iglesia, después de años de ser atacada por los anteriores gobiernos revolucionarios, se sentía incluida y no rechazada. La escuela "socialista, utilitaria y colectivista" se volvió una realidad y estuvo al alcance de las clases más desprotegidas. En pocas palabras, la administración cardenista abogó por una modernización del país basada en el nacionalismo, la justicia social y la defensa de la soberanía nacional.

Fue entonces que Calles sintió amenazado su poder e hizo unas declaraciones en donde lamentaba el movimiento obrero que Cárdenas estaba apadrinando. De un momento a otro, las divisiones sociales y políticas resurgieron. Luego de tantos años de luchas sanguinarias, la población temió un regreso a la inestabilidad política. Sin embargo, Lázaro Cárdenas tomó una de las decisiones más complicadas, y afortunadas, de todo su sexenio; y cuando el caudillo sonorense demostró su más amplia oposición a su gobierno, fue acusado de actos subversivos y expulsado del país en abril de 1936. Los integrantes del gabinete que tenían vínculos con Calles también fueron removidos. Con más tranquilidad, Cárdenas continuó con su programa de gobierno.

La reforma agraria fue la más grande de todos los gobiernos emanados de la Revolución. Creó la Confederación Nacional Campesina y el Departamento de Asuntos Indigenistas. Enfrentó y venció, además, un intento de rebelión encabezado por Saturnino Cedillo. Interactuó decididamente en el escenario internacional al reprobar la invasión de Italia a Etiopía y dar su apoyo a la República Española. Meses más tarde, fue el primero en dar la bienvenida a miles de españoles exiliados tras la victoria fascista en su país.

Cambió la residencia oficial del Castillo de Chapultepec a la "Casa de las hormigas" que rebautizaría como "Los Pinos" y expropió Ferrocarriles Nacionales de México en junio de 1937. La estabilidad parecía no tener marcha atrás.

Sin embargo, ninguna de esas políticas tendría tanta trascendencia como la que surgiría a partir de sus propias experiencias como gobernador de Michoacán y combatiente revolucionario. Había visto las injusticias que las empresas petroleras extranjeras causaban a sus trabajadores y a la población en general. Por ello, cuando dichas empresas se negaron a dar un trato más justo a sus empleados, el gobierno decidió, aquel 18 de marzo de 1938, expropiar los bienes de las compañías petroleras "por su actitud rebelde". "A las 22 horas —escribió en sus apuntes— di a conocer por radio a toda la Nación el paso dado por el Gobierno en defensa de su soberanía, reintegrando a su dominio la riqueza petrolera que el capital imperialista ha venido aprovechando para mantener al país dentro de una situación humillante". El caos internacional parecía venírsele encima. Sin embargo, el apoyo de la sociedad mexicana, desde el primer instante, fue incondicional.

En los siguientes días, la población invadió las calles llevando todo lo que pudiera tener algún valor para cubrir el pago de la deuda petrolera. A pesar del rompimiento diplomático con Inglaterra, el presidente demostró que contaba con el respaldo de todo el pueblo mexicano. También ayudó el contexto internacional, pues Europa y la Unión Americana se encontraban concentrados en la Segunda Guerra Mundial, y por tanto el país no sufrió represalias militares.

Su mandato, que había iniciado el 1 de diciembre de 1934, terminó en 1940. Todavía hubo tiempo para que fuera secretario de la Defensa Nacional de 1942 a 1945, en los momentos más álgidos de la Segunda Guerra Mundial. Pero su memoria había quedado plasmada en la tierra misma de este país por la expropiación. Su presidencia, además, ha sido una de las más populares de toda la historia. Y su nombre seguirá siendo recordado pese al paso de los años.

# 98

## JOSÉ AZUETA (1895-1914)

Traía en las venas el valor del patriotismo. El mar, como para su padre Manuel Azueta, constituía para él una pasión irrefrenable. Había recibido desde pequeño lecciones de disciplina militar. Quizá por ello, el joven José Azueta era rebelde y desorganizado. Para cuando tuvo edad de decidir su camino, su padre era director de la Escuela Naval Militar. No tenía en realidad muchas opciones.

Desde los 15 años, José acudió de manera extraoficial a recibir clases en la Escuela Naval, aunque un año más tarde envió su solicitud para ser aceptado como alumno interno. La fama de su padre le precedía, así que no tuvo problema para ser aceptado. Era inteligente, pero su inquietud le metía ocasionalmente en problemas. Reprobaba exámenes o gastaba bromas a sus compañeros que le ocasionaban arrestos disciplinarios.

A finales de 1913, después de reprobar algunas materias, decidió pedir su traslado al ejército como oficial de artillería de la milicia permanente. Su baja en la Escuela

Naval y alta en la Batería Fija de Veracruz marcaba su propia independencia. En este nuevo camino, el muchacho de 18 años mostró mejor aplicación y capacidad.

En cuanto se enteró del desembarco de tropas estadounidenses en suelo mexicano el 21 de abril de 1914, por instinto se dirigió hacia la Escuela Naval. Ahí se encontraban ya dispuestas dos piezas de artillería que apuntaban rumbo a la aduana, tomada por los invasores. Sin embargo, por órdenes de la comandancia militar, éstas fueron retiradas poco después. Azueta pidió entonces licencia para permanecer allí y defender a la escuela, a sus compañeros y a su patria.

Con tan sólo una ametralladora, Azueta se colocó fuera de la escuela para batir al enemigo. Únicamente lo cubría un poste de luz. Sin embargo, pronto se dio cuenta que no podía dar en el blanco de tal forma que le hiciera verdadero daño al enemigo. Con temeridad, a pesar de los gritos de alerta de sus compañeros, se colocó a mitad de la calle, completamente al descubierto y continuó la refriega. Sin embargo, pronto recibió una herida de bala en una pierna. A pesar del dolor, el joven Azueta continuó disparando, hasta que una más se le incrustó en la otra pierna. Un compañero tuvo que salir por él, pero en la escapatoria, recibió una tercera herida. Azueta fue conducido de inmediato a su casa para ser atendido por uno de los mejores médicos del puerto.

Al saber de lo sucedido, Fletcher, del bando estadounidense, envió a uno de los mejores cirujanos a que le atendiera. El joven Azueta lo rechazó al primer instante. Prefería morir que aceptar la gracia del enemigo. Las heridas le quitaron la vida el 10 de mayo siguiente. Se le brindaron todos los honores a uno de los héroes más destacados del 21 de abril de 1914.

# 99

## VIRGILIO URIBE (1896-1914)

Tan sólo saber que tropas invasoras pretendían tocar el suelo de su patria le llenó de valor y coraje. Era su obligación y voluntad el defender la soberanía de su país; para ello se había entrenado y educado en los últimos dos años. Antes de que se diera la orden de defensa, el joven había ya organizado con sus compañeros la distribución de armas y municiones. Fue entonces que llegó el afamado marino mexicano Manuel Azueta y los arengó para luchar contra el invasor. De inmediato, buscaron posiciones para hacer frente a la batalla de sus vidas. Él tomó uno de los balcones de la escuela. Frente a él, cuarenta y cuatro buques estadounidenses intentaban desembarcar a más de mil 500 soldados bien armados. Virgilio Uribe no se amedrentó. Ya era todo un hombre a los 18 años de edad.

Había nacido con la estrella de los héroes. Su constitución era más bien débil, pero su inteligencia, prolija. Nacido en la Ciudad de México, parecía encaminarse hacia el comercio debido a sus buenas calificaciones en esa materia.

Sin embargo, dentro de sí se escondía una pasión por el mar, por las armas y por la defensa de la patria. La Revolución Maderista lo había incitado a formar parte de un mejor camino por el bien nacional. Fue así como el 25 de junio de 1912, a los 16 años, solicitó ser aceptado como alumno interno en la Escuela Naval Militar en Veracruz.

Durante dos años, el muchacho mostró tener un carácter sereno y la brillantez de todo buen mando. Sus profesores estaban de acuerdo que estaba destinado a ocupar altos cargos para la Armada mexicana. Aquel 21 de abril de 1914, en el que la infantería de Estados Unidos, al mando del almirante Fletcher, pisó suelo mexicano, su gallardía y valentía se expandieron por todo el recinto escolar.

Desde el balcón, Uribe lanzó ráfagas de fuego hacia el enemigo una y otra vez sin descanso. Vio con orgullo cómo una batería que comenzaba a descargar ametralladoras de uno de los buques, tuvo que regresar a refugiarse ante el fuego constante de los cadetes.

La respuesta del enemigo fue inmisericorde. Las baterías de los buques *Prairie* y *Montana* desataron su fuego contra las instalaciones de la escuela. Las tropas que desembarcaban se concentraron en aquéllos que intentaban repelerlos. La desventaja para los cadetes era grande y notoria.

Y sin embargo, Uribe y sus compañeros siguieron batiéndose. No había forma de detenerlos en su honrosa defensa. Se encontraba cargando una nueva carga a su arma para seguir la defensa cuando un certero balazo se le incrustó en la frente. Virgilio cayó sin vida. Su camino a la gloria quedó trazado aquel día en que luchó a costa de su vida contra la segunda invasión estadounidense.

## 100

## ALFONSO GARCÍA ROBLES (1911-1991)

No creía en las armas. Nunca se rebeló contra ningún gobierno ni derramó su sangre en los senderos ocultos del país en busca de un cambio gubernamental. Había nacido ya muy tarde para ello; era aún muy pequeño para participar en la vorágine de la Revolución Mexicana. Sin embargo, fue testigo fiel de los acontecimientos internacionales que oscurecieron el panorama de la humanidad por varios años. La Segunda Guerra Mundial le impresionó de tal manera que supo que tendría que dedicar su vida a buscar un camino para que esa historia de muerte no se volviera a repetir en México ni en ninguna otra parte del mundo. Alfonso García Robles es un héroe distinto; es el héroe de la paz.

Las leyes le parecían inspiradoras. Fue por ello que ingresó a la Facultad de Derecho de la Universidad Nacional Autónoma de México, de donde egresó en 1934. Pero García Robles necesitaba conocer nuevas fronteras y expandir su ámbito de conocimiento. Aprovechó entonces una oportunidad para partir hacia Francia e impartir clases en la

Universidad de París en 1936. Desde ahí, pudo ver cómo la sombra de la guerra se iba posando sobre Europa.

Luego de su experiencia en el continente europeo, García Robles tomó la decisión de convertirse en diplomático. En 1939 ingresó al Servicio Exterior Mexicano y desde ahí observó con detenimiento y meditación los años oscuros de la Segunda Guerra Mundial. Su postura frente a los conflictos se hizo invariable. Ascendió y obtuvo puestos de gran importancia como subdirector de Asuntos Políticos y del Servicio Diplomático y director en jefe para Asuntos de Europa, Asia y África entre 1957 y 1961.

Aplicó sus conocimientos para resolver los males ocasionados por la Guerra Fría. Fue presidente de la Comisión Preparatoria para la Desnuclearización de América Latina y el Caribe, que culminó con la firma de los Tratados de Tlatelolco y que constituye un documento de gran valía en la historia del pacifismo mundial. Además de representar al país en la Organización de las Naciones Unidas de 1970 a 1975, fue secretario de Relaciones Exteriores de 1975 a 1976 y representante mexicano en el Comité de Desarme con sede en Ginebra, Suiza.

Durante toda su vida luchó por el cese de varios conflictos armados y la desnuclearización. Trató por todos los medios de organizar una campaña mundial de desarme, labor por la que, en 1982, recibió el Premio Nobel de la Paz. Su nombre fue reconocido en todas las partes del mundo. México, en su persona, se convirtió en un valioso colaborador de la paz. García Robles, el héroe de la paz, fue la imagen ideal de la política pacifista representada por México.

# 101

## ESCUADRÓN 201 (1945)

Llevaban varios meses de exhaustivo entrenamiento en Estados Unidos. Habían partido de México 38 de los mejores pilotos que la recién organizada Fuerza Aérea Mexicana tenía en sus filas, además de otros 263 hombres entre médicos, mecánicos y operadores. Seis pilotos habían sido excluidos tras los exámenes médicos de rigor y dos habían fallecido en accidentes. Eran el grupo elite de las fuerzas armadas mexicanas. Por ello habían sido elegidos para representar al país, por primera vez, en una guerra de grandes proporciones fuera de territorio nacional. Así que el 23 de febrero de 1945, el Escuadrón de Pelea 201 fue abanderado por el general Francisco L. Urquizo con todos los honores. Cuatro días más tarde, a bordo del buque *Fairisle*, los mexicanos se dirigían hacia lo desconocido de la Segunda Guerra Mundial.

México había mantenido durante la primera y gran parte de la Segunda Guerra Mundial su histórica postura de neutralidad. Sin embargo, el hundimiento de las embarcaciones petroleras *Potrero de Llano* y *Faja de Oro* por submarinos alemanes provocaron la reacción mexicana. El entonces presidente, Manuel Ávila Camacho, se vio obligado a declarar la guerra a Alemania, Japón e Italia en 1942. El destino estaba marcado: México formaría parte del evento bélico de mayor importancia del siglo xx.

El primero de mayo de 1945, las Águilas Aztecas, como también se les conocía, llegaron a Manila, Filipinas. Oficialmente formaban parte del Grupo 58 de la 5ª Fuerza Aérea de Estados Unidos. Sin embargo, siempre representaron a su país. De inmediato comenzaron los vuelos de reconocimiento. Pero no había tiempo que perder: el 7 de junio se les asignó la primera misión, que consistió en apoyar las tropas terrestres de los aliados bombardeando y ametrallando las fuerzas japonesas que se encontraban en la isla filipina de Luzón. La misión fue un éxito. Desde entonces, el escuadrón realizó 59 misiones y llevó a cabo alrededor de dos mil horas de vuelo en zona de combate. Lanzaron 252 bombas y dispararon 138 mil 652 cartuchos.

En los combates, el heroico escuadrón perdió a cinco hombres y cuando los sobrevivientes preparaban su ataque a Okinawa, los países del Eje firmaron su rendición. La guerra había terminado. La última misión de las Águilas Aztecas tuvo lugar el 26 de agosto.

Muchos son los que fueron recibidos con honores y todos los que formaron parte del escuadrón son héroes. Sin embargo, destacan los nombres de Antonio Cárdenas Rodríguez, Raúl Foullon Cabrera, Radamés Gaxiola Andrade y Amador Sámano Piña. El recuerdo del Escuadrón 201, que luchó a nombre de México, no deberá perderse jamás.

*101 héroes en la historia de México,* de Mario Tapia
se terminó de imprimir en agosto del 2008 en
Litográfica Ingramex, S.A. de C.V.
Centeno 162-1, Col. Granjas Esmeralda,
México, D.F.